マクロ経済分析

ケインズの経済学

[第3版]

佐々木浩二 [著]

創 成 社

序

　「マクロ経済学の父」[1] といわれるケインズは，「われわれの分析の目的は間違いのない答えを出す機械ないし機械的操作方法を提供することではなく，特定の問題を考え抜くための組織的，系統的な方法を獲得することである。そして，複雑化要因を一つ一つ孤立させることによって暫定的な結論に到達したら，こんどはふたたびおのれに返って考えをめぐらし，それら要因間の相互作用をよくよく考えてみなければならない。これが経済学的思考というものである」[2] と述べています。

　本書はこの言葉にしたがい，第 1 部でマネー，GDP，国富，失業などの経済用語を紹介します[3]。第 2 部では，第 1 部で紹介した経済用語を用いてケインズの理論を解説します。第 3 部では，物価と失業率の関係，景気循環，完全雇用達成の難しさなどについて議論します。本書を通じて経済学的思考の基礎を身につけていただければ幸いです。

　「わたしがいま考えていることを，ここで十分に読者に伝えられると期待できるのか，疑問だとも思う。一般読者にとっては難しすぎ，専門家にとっては簡単すぎる議論になるだろう。なぜなら，誰も信じないだろうが，経済学は技術的で難しい学問だからである。科学だといえるほどにすらなってきている。それでも，わたしは全力をあげて説明する」[4] とケインズは書いています。難しいことをわかりやすく説明することに本書がどれほど成功しているか，読者の方々に判断を仰ぎたいと思います。

　改訂に際して創成社の西田徹氏に大変お世話になりました。心より感謝申し上げます。本書に残された不備の責任はすべて筆者に帰します。本書の事例は経済学の理論を説明することのみを目的としており，関係者各位への意見を含まないことを申し添えます。

---

1 ）Mankiw, N.Gregory, 2007, Macroeconomics, Worth Publishers, p.xxvから和訳し引用。
　　ケインズとは英国の経済学者John Maynard Keynes（1883-1946）のことである。
2 ）Keynes, John Maynard著，間宮陽介訳『雇用，利子および貨幣の一般理論』下巻，岩波書店，
　　2009年，pp.63-64から引用。
3 ）経済データの重要性についてはKeynes, John Maynard著，長澤惟恭訳『貨幣論II 貨幣の応用
　　理論』ケインズ全集第 6 巻，東洋経済新報社，2001年，pp.427-430を参照。
4 ）Keynes, John Maynard著，山岡洋一訳『ケインズ説得論集』日本経済新聞出版社，2010年所収
　　の「一九三〇年の大不況」p.45から引用。

「いつの日か，論争的でもなく，批判的でもなく，他人の見解との関係においてでもなくて，単に実証理論としてこの問題全体を再述してみたいと思います」[5]

　2012年，2014年，2016年，2018年，そして本書と改訂を繰り返してきて，ケインズのこの言葉が身に沁みます。あと何度改訂の機会があるかわかりませんので，できる限り「あのときこうしておけばよかった」ということがないようにしたいと思います。

視界不良の新しい時代のはじめに

5）Moggridge, Donald Edward編, 柿原和夫訳『一般理論とその後　第13巻および第14巻への補遺』ケインズ全集第29巻, 東洋経済新報社, 2019年, p.297から引用。同書（柿原訳, 2019）のp.296には「私は自分の用語を，この問題が実際に許す範囲を超えて，他人の代数とぴったり調和させようとして身動きが取れなくなってしまいました。本書をきちんと改訂するときになったら，この種の議論材料は一切考慮しないのが正解でないのかどうか，私には全く定かではありません。この議論材料がこの議論全体に重要なことを少しでも付け加えるのかどうか，私はきわめて疑問に思うからです」とある。

目　次

序

第3部　ケインズの議論

第 **1** 部

日本国の経済

・・

「われわれの本性の二つの基本的な部分，すなわち，理性と情念から，数学的学問（ラーニング）と独断的学問（ドグマティカル）という二つの種類の学問が発生してまいりました。前者には論議・論争の余地はありません。なぜなら，それはひとえに図形や運動を比較することだけから成り立っている学問であり，このようなことがらにおいては真理と人間の利害とが互いに対立することはないからであります。しかし，後者においては論争の種とならないものは皆無であります。なぜなら，それは人間を比較し，人間の権利や利益にかかわるからであります」（Hobbes, Thomas著，高野清弘訳『法の原理 —自然法と政治的な法の原理—』行路社, 2016年, p.11）

「われわれが統計を激情のバロメーターおよび感情の便利な伝達物として取り扱おうと固執するかぎり，混乱と貧困が続くことであろう。以下の数字の検討においては，われわれは事実を測定するために数字を使うのであって，愛憎を文字で表わすために使用するのではない，ということに同意していただきたい」（Keynes, John Maynard著，千田純一訳『条約の改正』ケインズ全集第3巻, 東洋経済新報社, 1977年, pp.79-80）

第1章

マネーの歴史

　経済とは何か。さまざまに定義されますが，本書では「モノの売買」と定義します。たとえば，本屋さんが本を売り私たちが本を買うという行為は，モノの売買です。コンビニエンスストアで飲み物を買う，アウトレットで洋服を買う，映画のチケットを買う，これらもモノの売買です。経済は私たちの生活の多くを占めています。

図表1-1　経　済[1]

　上図は重要なことを教えてくれます。それは，お金が経済を支えているということです。経済は生活の多くを占めていますから，お金がないと私たちの生活は滞ってしまいます。本章ではこのように大切なお金について学びます。

　お金を意味する言葉には，現金，金銭，お札，紙幣，硬貨，貨幣，通貨などがあります。これらは文脈によって異なる意味を持ちます。まぎれを避けるために，本書ではお金を表す言葉として「マネー」を用います。

❶ 物々交換

　マネーが大切であることはマネーがない社会について考えてみるとわかります。マネーがない社会では，物々交換で欲しいモノを手に入れます。たとえば，野菜を食べたいと思う酪農家と，牛乳を飲みたいと思う畑作農家が出会ったとしましょう。このとき酪農家が畑作農家に牛乳を与え，畑作農家が酪農家に野菜を与えれば，2人とも欲しいモノを手に入れることができます。お互いが欲しいモノを与えあうとき，物々交換は成立します。

1）内閣府，2008SNA（仮訳）の第2章節2.5を参照して作成。財貨およびサービスを本書は「モノ」と表記する。経済学の定義は上宮訳（2000），小峯・大槻訳（2016）等を参照。

図表1−2　物々交換の成立[2]

　お互いが欲しいモノを与えあう状況にないとき，物々交換は成立しません。図の例で説明すると，野菜を食べたいと思わないとき，酪農家は畑作農家との交換を断るかもしれません。酪農家から交換を断られると，畑作農家は欲しい牛乳を手に入れられなくなります。物々交換の社会では，欲しいモノを手に入れられないことがあります。

図表1−3　物々交換の不成立

　この問題は，誰も受取りを拒まない特別なモノを社会に導入することで解消されます。「誰も受取りを拒まない特別なモノ」，これがマネーです。マネーがある社会ではマネーとひきかえに欲しいモノを手に入れることができます。

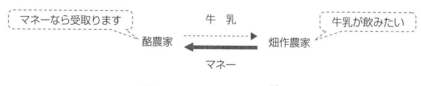

図表1−4　マネーの導入[3]

2 金属貨幣

　今日まで伝えられる文明では，貝殻，木，竹，布，革，石，貴金属などでできたマネーが支払いにつかわれていました。これらのうち，Goldなどの貴金属でできたマネーを金属貨幣といいます。貴金属は希少であり，劣化しにくく，人々を魅了する輝きを放ちます。こうした性質は「誰も受取りを拒まない」マネーにふさわしいものです。

2）水田訳（2010, p.177）に「報償をあたえることは，償うこと，報いることであり，うけとった善〔利益〕にたいして，善をかえすことである」とある。

3）本節ではあえてJevons（1896, pp.1-7）の貨幣観を紹介した。小泉・長澤訳（2001）等に現れるケインズの貨幣観については佐々木（2016）を参照。

図表1－5　金属貨幣[4]

　金属貨幣がつかわれるようになると，いくつかの問題が生じました。ここでは量の問題について説明します。鋳造できる金属貨幣の量は，マネーの発行者が保有する貴金属の量によって決まります。経済活動に大量のマネーが必要とされても，マネーの発行者が十分な量の貴金属を保有していなければ，それに応えられません。必要に応じてマネーの量を増やすことができなければ，経済活動は滞ってしまいます。

マネーの発行者が
保有する貴金属の量

経済活動に必要な
金属貨幣の量

図表1－6　金属貨幣の問題[5]

❸ 兌換券と銀行券

　経済活動の規模にあわせてマネーの量を調節することが難しいという金属貨幣の問題を，社会はどのように克服してきたのでしょうか。ここでは日本の近現代を例に説明します。
　富国強兵，殖産興業のために大量のマネーを必要とした明治政府は，マネーを発行する機関として日本銀行を設立しました。日本銀行は1885年に日本銀行兌換券というお札を発行しはじめました。このお札の価値は，日本銀行が保有する貴金属と証券によって裏付けられていました。証券を価値の裏付けに加えることで，日本銀行は保有する貴金属の量を超えるマネーを発行できるようになりました。

4）那須訳（2013）の第2章を参照。
5）小泉・長澤訳（2001, p.8）に，金属貨幣の「供給は──他のすべての商品の供給と同様に──稀少性と生産費とによって左右される」とあり，長澤訳（2001, p.307）に「金の供給の率が，金を，世界の基本的流通手段の必要に役立たせることのできるほどのものであった時期は，稀でありまた間欠的であった」とある。

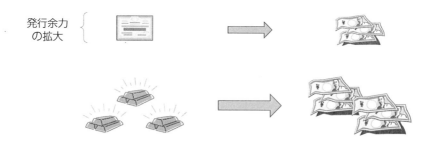

発行余力
の拡大

図表 1 － 7 　日本銀行兌換券

　1894年の日清戦争に勝利した日本は多額の賠償金を得ました[6]。その一部はGoldに換えられ，マネーの価値の裏付けとされました。マネーの価値を裏付けるGoldが十分に蓄えられたことを受けて，1897年に貨幣法が制定されました。この法律は1円が0.75gのGoldと同等の価値を持つことを定めました[7]。マネーの価値をGoldで測る制度を金本位制といいます。当時は先進国の多くが金本位制を採用していました。先進国とおなじ制度を採用することで，外国から借入れをしやすくなり，外国との貿易もしやすくなりました[8]。

　図表1－8は金本位制の下で発行された兌換券の量を表しています。図中，正貨準備発行とはGoldを裏付けとする兌換券の発行を，保証準備発行とは証券を裏付けとする兌換券の発行を意味します[9]。1910年代後半に正貨準備発行が増えました。これは，第1次大戦の特需で輸出が増え，その代金として得たGoldが日本に流入したことによります。大戦中の1917年，獲得したGoldが国外に流出しないように，政府はGoldの輸出を禁止しました。これにより1920年代の正貨準備発行はほぼ一定に保たれました。1930年に政府はGoldの輸出を解禁しました。すると，Goldが国外に流出して正貨準備発行は減りました。

　兌換券発行高は日本銀行が保有するGoldの量に制約されます。この制約は，ときとして経済変動を増幅させます。1910年代後半には，流入したGoldがマネーの量を増やし，バブルをひきおこしました。1930年には，流出したGoldがマネーの量を減らし，恐慌をひきおこしました[10]。

---

6 ）　大蔵省理財局『金融事項参考書』大正七年四月調, p.59, 五 外國償金受領高明細表を参照。

7 ）　貨幣法2条に「純金ノ量目二分ヲ以テ価格ノ単位ト為シ之ヲ圓ト称ス」とある。

8 ）　長澤訳（2001, p.323）に「国際的貨幣本位というものは，一国と他国とのあいだでの，貨幣の貸出しの費用と危険とを極小にすることによって，貸出しを非常に容易にする」とあり，小泉・長澤訳（2001, pp.19-20）に「日本などは，一つ以上の外国の中心地に準備を保持し，事情に応じて各中心地での〔準備の〕割合を変化させながら，多年のあいだ為替調整を用いて大きな利益を収めてきた」とある。長澤訳（2001, pp.277-283）も参照。

9 ）　1888年の改正兌換銀行券条例によって保証準備発行が制度化された。保証準備発行のうち，政府が定めた限度を超える発行を制限外発行といい，税が課せられた。この制度を保証発行屈伸制限制度（保証準備屈伸制限法）という。齊藤（2015, pp.67-80）を参照。

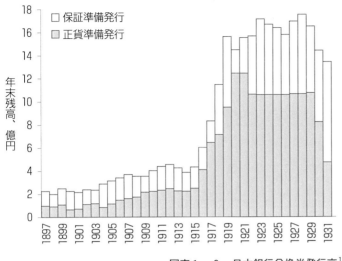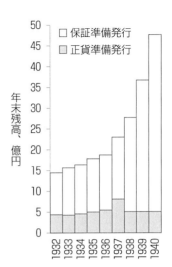

図表1－8　日本銀行兌換券発行高[11]

　大量のGoldが国外に流出した後，政府はやむなく保証準備発行の枠を拡大しました[12]。その結果，図表1－8の右図が示すように，兌換券発行高の多くを保証準備発行が占めるようになりました。1942年に制定された旧日本銀行法は，保証準備発行の拡大を追認して，マネーの裏付けの重心をGoldから証券へ移しました。この法律の下では，日本銀行が証券を多く保有するときマネーの量は多く，日本銀行が証券を少なく保有するときマネーの量は少なくなります[13]。法律が施行されると，日本銀行は日本国債を大量に買入れてマネーを増やしました。皮肉なことに，それは戦費に充てられました。

---

10)　日本銀行統計局編（1999, p.57, p.90）によると，1914年から1920年に米価は2.7倍となり，第2次産業と第3次産業の有業人口は183万人増加した。1929年から1931年に米価は0.6倍となり，第2次産業と第3次産業の有業人口は46万人減少した。長澤訳（2001, p.282）に「銀行券は，主として賃金の支払いおよび小口の現金受払いのために使用されるのであるから，その量は，賃金の水準と雇用量とによって左右される。賃金水準の低下は，速やかには達成できないし，また恐らくは，失業の結果としてしか生じそうもないと思われるから，銀行券の発行高は，雇用を減少させることによる以外には，急速に減少させることはできない」とある。

11)　日本銀行百年史編纂委員会編，資料編，pp.326-329からデータを取得し作成。小泉・長澤訳（2001, p.9）に，兌換券は「管理当局がそれに対して一〇〇パーセントの客観的標準物を保有し，したがってそれが事実上倉庫証券である場合には商品貨幣に退化し，そして他方それがその客観的標準物を失う場合には法定不換紙幣に退化する」とある。

12)　1932年の改正兌換銀行券条例によって保証準備発行の限度は1億2千万円から10億円へ拡大した。日本銀行百年史編纂委員会編，資料編，pp.197-204を参照。

13)　日本銀行条例14条，兌換銀行券条例2条，旧日本銀行法29条から36条を参照。旧日本銀行法下の発券制度を最高発行額屈伸制限制度という（日本銀行百年史編纂委員会編，第4巻第2章，p.480）。旧日本銀行法への移行により，国際金融と国内金融をリンクさせていた「金の足かせ」（Eichengreen, 1996）が外れた。日本銀行は1943年10月に営業満了を予定しており，営業を更新する必要があった（日本銀行百年史編纂委員会編，第4巻第2章，p.466）。

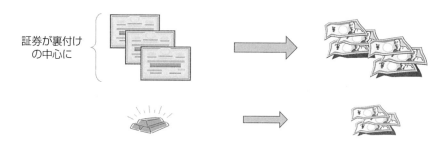

図表 1 － 9　日本銀行券

　第 2 次大戦の時期と戦後の混乱期に増えたマネーの整理は，1946年に実施された新円切替や1949年に提唱されたドッジ・ラインなどによって試みられました。これらの施策によってマネーの増加に一時歯止めがかかりましたが，1950年に朝鮮戦争がはじまり特需が生まれると，ふたたび増勢を強めました[14]。

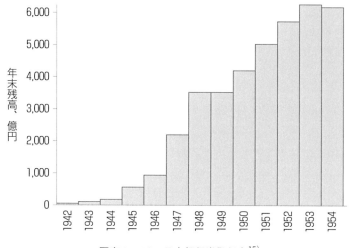

図表 1 － 10　日本銀行券発行高[15]

14）1946年 2 月17日に金融緊急措置令と日本銀行券預入令が施行された。 2 月18日に預金が封鎖され， 2 月25日から新円が支払われた。これにより銀行券の発行高は615億円（ 2 月16日）から152億円（ 3 月12日）へ減少した。しかし，この減少は一時的なもので，1946年末の発行高は934億円に達した。同年，臨時財産調査令により財産に税が課せられた。日本銀行百年史編纂委員会編，第 5 巻第 3 章，鈴木（1970），伊藤（2012）を参照。緊急勅令については大日本帝国憲法 8 条を参照。

15）日本銀行百年史編纂委員会編, 資料編, p.330からデータを取得し作成。原（2011）を参照。発行高は旧日本銀行法の発行限度（60億円）を一貫して超えている。この点，旧日本銀行法の規定は有名無実であった（日本銀行百年史編纂委員会編，第 4 巻第 2 章, p.484）。

補　論　遡及改定と基準改定

　経済統計を利用する人のニーズはさまざまです。「少々正確さを欠いても早く経済のようすを知りたい」という人もいれば，「時間がかかっても正確に経済のようすを知りたい」という人もいます。多様なニーズに応えるために，統計を作成する機関は統計のつくりかたと公表のしかたを工夫しています。

　「少々正確さを欠いても早く経済のようすを知りたい」という人のために速報値が公表されます。速報値は，公表までに利用できる資料をもとに作成されます。「時間がかかっても正確に経済のようすを知りたい」という人のために確報値が公表されます。確報値は，速報値を公表した後に利用できるようになった資料も使って作成されます。確報値が公表されると，速報値は確報値におきかえられます。これを遡及改定といいます。

　本書では，執筆時に入手できる最新のデータを用いるようにしています。文中の数値が日本銀行や官庁のウェブサイトから得られる数値と異なるときには，データが遡及改定されていないか確認してみましょう。

図表1−11　利用者のニーズとデータ公表のタイミング

　経済のようすは時とともに変化します。生活様式が変わったり技術が進歩したりして，新たに登場する商品，姿を消す商品があります。経済主体が保有する金融資産の種類も金融技術の進展にともない多様化します。

　統計を作成する機関は，こうした変化に応じて統計の作りかたを変えることがあります。これを基準改定といいます。改定の際に基準とする年を基準年といいます。本書で紹介するマネー，GDP，国富，就業，失業，物価，景気などの統計をみるとき，基準改定に留意しましょう[16]。

---

16)　日本銀行による統計の遡及改定については日本銀行ウェブサイト，統計，見直し・訂正等のお知らせを参照。GDPの基準改定については内閣府ウェブサイト，国民経済計算（GDP），国民経済計算の整備・改善，次回基準改定（2015年基準）についてを参照。

参考文献

【和書】

・伊藤正直『戦後ハイパー・インフレと中央銀行』金融研究，31, 1, 181-226，2012年。

・齊藤壽彦『近代日本の金・外貨政策』慶應義塾大学出版会，2015年。

・佐々木浩二『ファイナンス ―資金の流れから経済を読み解く―』創成社，2016年。

・鈴木武雄『金融緊急措置とドッジ・ライン』清明会新書，1970年。

・日本銀行統計局編『明治以降本邦主要経済統計』並木書房，1999年。

・日本銀行百年史編纂委員会編『日本銀行百年史』日本信用調査株式会社出版部，1982年～1986年。

・原薫『戦時インフレーション ―昭和12～20年の日本経済―』桜井書店，2011年。

【訳書】

・Keynes, John Maynard著，小泉明・長澤惟恭訳『貨幣論Ⅰ 貨幣の純粋理論』ケインズ全集第5巻，東洋経済
　　新報社，2001年。

・Keynes, John Maynard著，長澤惟恭訳『貨幣論Ⅱ 貨幣の応用理論』ケインズ全集第6巻，東洋経済新報社，
　　2001年。

・Keynes, John Neville著，上宮正一郎訳『経済学の領域と方法』近代経済学古典選集【第2期】，10，日本経済
　　評論社，2000年。

・Moggridge, Donald Edward編，那須正彦訳『社会・政治・文学論集』ケインズ全集第28巻，東洋経済新報
　　社，2013年。

・Robbins, Lionel著，小峯敦・大槻忠史訳『経済学の本質と意義』近代社会思想コレクション15，京都大学学
　　術出版会，2016年。

・Smith, Adam著，水田洋訳『道徳感情論』上巻，岩波書店，2010年。

【洋書】

・Eichengreen, Barry, 1996, Golden Fetters, The Gold Standard and the Great Depression, 1919-1939, Oxford
　　University Press USA.

・Jevons, William Stanley, 1896, Money and the Mechanism of Exchange, D. Appleton and Company.

📖 Further Reading

・伊藤正直『日本の対外金融と金融政策 1914～1936』名古屋大学出版会，1989年。

・井上準之助『国民経済の立直しと金解禁』千倉書房，1929年。

・井上準之助論叢編纂委員会編『井上準之助論叢』第1巻，井上準之助論叢編纂委員会，1935年。

・高橋亀吉・森垣淑『昭和金融恐慌史』講談社，2009年。

・湯浅赳男『文明の血液 ―貨幣から見た世界史』新評論，1998年。

・Keynes, John Maynard, 1914, The Prospects of Money, Economic Journal, 24, 96, 610-634.

・Keynes, John Maynard, 1914, War and the Financial System, Economic Journal, 24, 95, 460-486.

・Keynes, John Maynard, 1936, The Supply of Gold, Economic Journal, 46, 183, 412-418.

・Smith, Neil Skene, 1936, Japanese Competition and International Trade Theory, Economic Journal, 46, 183,
　　424-430.

─── 第 2 章 ───

現代のマネー

前章でマネーの歴史について学びました。本章では現代のマネーについて学びます。

❶ 現金通貨と預金通貨

　私たちにとって最も身近なマネーは日本銀行券と貨幣です。日本銀行券とは一万円，五千円，二千円，千円の紙幣であり，貨幣とは五百円，百円，五十円，十円，五円，一円の硬貨です。日本銀行券と貨幣は支払いのとき受けとりを拒まれません。これを通用力といいます。日本銀行券に強制通用力があることは，日本銀行法46条の「法貨として無制限に通用する」という条文から読みとれます。貨幣に通用力があることは，通貨の単位及び貨幣の発行等に関する法律7条の「額面価格の二十倍までを限り，法貨として通用する」という条文から読みとれます。一万円札を出せば1万円分の買い物ができ，五百円硬貨を出せば500円分の買い物ができるのは，これらの法律のおかげです。

図表2－1　現金通貨[1]

　預金とは，私たちや企業が銀行などに預けているマネーです。にわかに判然としないかもしれませんが，預金は支払いにつかえます。たとえば，電気，ガス，水道の料金を払うとき，私たちは普通預金をつかうことがあります。原材料の仕入代金や生産設備の導入費用を払うとき，企業は当座預金をつかうことがあります。預金は自動引き落としなどの形で支払いにつかえる便利なマネーです。

1）通貨の単位及び貨幣の発行等に関する法律2条が「日本銀行が発行する銀行券」と「貨幣」を日本国の通貨と定めていることから日本銀行券と貨幣を法貨という。法貨については小泉・長澤訳（2001, pp.3-5），那須訳（2013, pp.324-328）を参照。現金通貨の詳細は佐々木（2016）の第1章を参照。

図表2－2　預金通貨[2]

　図表2－3の左図は預金の支払額を表しています。1か月のあいだに，253兆円から394兆円の普通預金が払い出され，303兆円から507兆円の当座預金が払い出されています。年度末の支払いが集中することから，毎年3月に額が多くなります。右図は預金の平均残高を表しています。普通預金の残高は267兆円から508兆円のあいだにあり，当座預金の残高は26兆円から62兆円のあいだにあります。コロナ禍を乗り切るための財政支出によって，普通預金の残高は2020年4月から急増しています[3]。

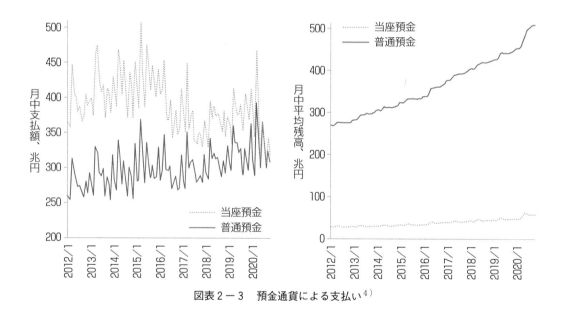

図表2－3　預金通貨による支払い[4]

2）小泉・長澤訳（2001, p.6）に「取引の決済においてそれ自身本来の貨幣に対する便利な代替物である」「銀行貨幣は，単に計算貨幣で表示される私的な債務の承認にすぎないのであって，それは人びとの手から手へと渡される」とある。

3）財務省広報誌「ファイナンス」令和2年7月号，令和2年度補正予算（第1号及び第2号）の概要によれば，第1次補正予算に25兆5,655億円，第2次補正予算に31兆8,171億円の新型コロナウィルス感染症対策関係経費が計上されている。財政支出が預金を増やすメカニズムについては第8章の補論を参照。

4）日本銀行，時系列統計データ検索サイトから国内銀行のデータを取得し日本銀行（1990）の図表7を参考に作成。「預金・現金・貸出金」と「決済動向」の関係は決済時の清算や流動性預金から定期性預金への繰入れ等に影響を受けることに留意する。小泉・長澤訳（2001, pp.34-49, pp.251-265），長澤訳（2001, pp.18-47）を参照。

2　マネーストック

　私たち，企業，地方公共団体などが保有するマネーの量をマネーストックといいます[5]。マネーストックには，M1，M2，M3，広義流動性という指標があります。ここではM1とM3について説明します。

　日本銀行券と貨幣を現金通貨といい，普通預金や当座預金などを預金通貨といいます。これらの合計がM1です。M3はM1に準通貨とCD（譲渡性預金）を加えたものです。準通貨とは定期預金などのことです。定期預金は銀行に数年預け入れたままにしておくものですが，中途解約して普通預金や当座預金に繰入れれば支払いにつかえます。このことから定期預金などをマネーに準ずるもの，準通貨といいます。

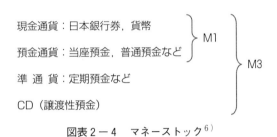

図表 2 － 4　マネーストック[6]

　図表 2 － 5 はM3の内訳を表しています。マネーの大半は預金です。

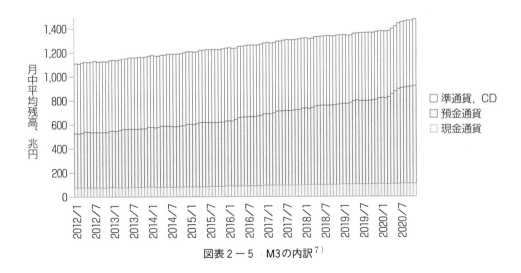

図表 2 － 5　M3の内訳[7]

5）小泉・長澤訳（2001, p.10）に「貨幣理論での基本的要素の一つは，公衆の手許にあるすべての種類の貨幣の総量であって，問題となる貨幣が国家貨幣であるか銀行貨幣であるかは，多くの場合ほとんど違いはない。両方の総計は流通貨幣と呼んでよい」とある。
6）日本銀行調査統計局（2019）の第 1 章を参考に作成。M2については説明を割愛する。

③ 日銀当座預金

　私たちが金融機関に預金をするように，金融機関は日本銀行に預金をしています。これを日銀当座預金といいます[8]。現金通貨と預金通貨を滞りなく支払いにつかうことができるのは，金融機関が十分な量の日銀当座預金を保有しているためです。

　現金通貨は，図表2－6が示すように，日銀当座預金を取り崩して調達します。銀行は調達した現金通貨を本支店のATMなどに装塡し，私たちはそれを引き出して支払いにつかいます。現金が引き出されるのに備えて銀行が日銀当座預金を保有することを「支払準備のために保有する」といいます。

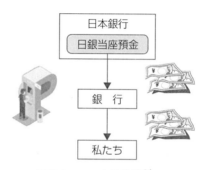

図表2－6　支払準備[9]

　預金通貨は，図表2－7が示すように，貸出すときに生まれます。銀行は資金を必要とする企業を信用して，貸出債権を設定するとともに企業の預金を増やします。企業は，銀行に対して借入債務を負うとともに，預金を手にします。信用が預金を生み出すことから，これを信用創造といいます[10]。

　貸出された預金は，ほどなく原材料や機械の代金として払い出されます[11]。預金の支払

7）日本銀行,時系列統計データ検索サイトからデータを取得し作成。小泉・長澤訳（2001,p.31）に「イギリスや合衆国のような国では，銀行貨幣はおそらく総流通貨幣額の一〇分の九を構成しているであろう」とある。

8）銀行が預金をする銀行であることから，日本銀行を「銀行の銀行」という。

9）日本銀行券を発行する銀行であることから，日本銀行を「発券銀行」という。

10）小泉・長澤訳（2001,p.24）に「銀行は，借主の後日返済するという約束と引換えに，借主のために自己に対する請求権を創造する，すなわち貸付け」をする，とある。長澤訳（2001,p.229）には「銀行は商工業界に対して追加的な貸付けをすることができ，そしてこの追加的貸付けは，この銀行かあるいは他のある銀行の貸借対照表の反対側に，追加的な預金（借手の勘定の貸方にか，あるいは借手がそれを振り替えるように指定した人びとの勘定の貸方に）を創造する」とある。信用創造については本章の補論を参照。

11）小泉・長澤訳（2001,p.25）に，借り手は「彼らの名義のものとして造られる預金を直ちに支払いに用いる意図のもとに借入れをする」とある。

いは，後述するように，日銀当座預金を移動して済ませます。よって，銀行は貸出すとき
あらかじめ日銀当座預金を準備しなければなりません。このために銀行が日銀当座預金を
保有することを「準備預金として保有する」といいます。

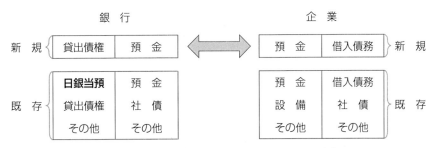

図表2－7　信用創造によるバランスシートの変化

　銀行が準備すべき日銀当座預金の額は，法律によって定められていることから法定準備
預金といいます。図表2－8は預金量と法定準備預金額の関係を表しています。預金量が
少ないとき法定準備預金額は少なく，預金量が多いとき法定準備預金額は多いことがわか
ります。

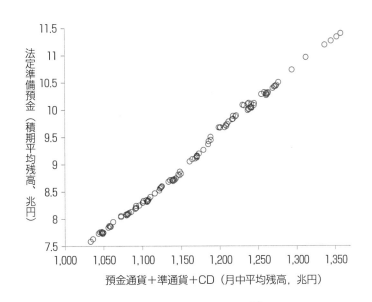

図表2－8　法定準備預金[12]

12) 日本銀行，時系列統計データ検索サイトからデータを取得し作成。縦軸の積期平均残高とは当
　　月16日から翌月15日の平均残高であること，預金の種類と額によって準備率が異なることに
　　留意する。この点については日本銀行，準備預金制度における準備率を参照。
　　　準備預金制度に関する法律が保有すべき準備預金の額を定めていることから，法定準備預
　　金という。法定額を積み立てられないとき，金融機関は過怠金を国に納めなければならない
　　（準備預金制度に関する法律8条，準備預金制度に関する法律施行令11条）。

　図表2−9は預金による支払いのようすを表しています。銀行Aに口座を持つ小売店が銀行Bに口座を持つメーカーへ仕入代金を払うとしましょう。このとき，銀行Aは小売店の預金残高を減らし，銀行Bに「小売店の仕入代金を立替払いしてください」と連絡します。連絡を受けた銀行Bは，代金の受け手であるメーカーの預金残高を増やします。この時点で小売店とメーカーのあいだの支払いは済みます。残るのは，銀行Bが立替払いした分の支払いです。銀行Aは，立替えてもらった金額を銀行Bに日銀当座預金で払います。これで，銀行間の支払いも済みます。こうした二層からなる預金決済のために銀行が日銀当座預金を保有することを「決済手段として保有する」といいます。

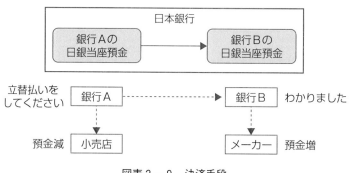

図表2−9　決済手段

　日銀当座預金がないと私たちの手元に現金がとどきませんし，預金を生み出すことも預金を支払いにつかうこともできません[13]。文明の血液である現金と預金の流れをよくするのに欠かせない日銀当座預金は，究極のマネーです[14]。

④ 日銀当座預金の供給

　日銀当座預金は，図表2−10が示すように，金融機関が保有するモノを購入する「代金」として日本銀行が供給します。日銀当座預金を供給することができるのは日本銀行だけです。

　小泉・長澤訳（2001, p.28）に「銀行業者は常にいくらかの流動資産を手許に維持しており，その一部は現金の形で，また一部は他の一銀行もしくは複数の銀行に対する預け金の形——この資産はその「準備金」と呼ばれているものであるが，それはその預金量とともに上下し，また時としては，法律もしくは慣習により預金に対する固定的な比率を保っている場合もある——で持っているであろう」とある。当時の英米の準備預金については長澤訳（2001, pp.6-17, pp.48-78）を参照。

13）　小泉・長澤訳（2001, p.29）に「中央銀行預金は，手形交換尻を決済するために役立つだけではなく，また銀行の準備のうちの現金の部分を補充する必要がある場合には，それを現金で引き出すこともできるのである」とある。

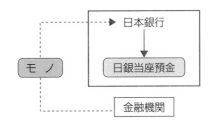

図表2−10　流動性の供給

　日銀当座預金を供給するとき日本銀行が購入したモノは，日本銀行の資産に計上されます。資産のうち額が最も多いのは日本国債です。日本銀行は，金融機関から日本国債などを購入する「代金」として日銀当座預金を供給します。

資　　産	705兆円	負　　債（除：引当金）	695兆円
金地金	0.4兆円	日本銀行券	114兆円
日本国債	539兆円	日銀当座預金	487兆円
貸付金	111兆円	その他	94兆円
その他	54.6兆円	資本金，準備金，引当金	10兆円

図表2−11　日本銀行のバランスシート[15]

14）European Central Bank（2008）にあるUltimate Settlement Assetという語を訳出した。預金と日銀当座預金との関係は佐々木（2016）の第2章から第4章を参照。

15）日本銀行，営業毎旬報告（令和2年11月30日現在）をもとに作成。表中の金地金とは金塊であり，引当金とは負債に計上される債券と外為の損失引当金である。長澤訳（2001, p.236）に「中央銀行の可変的資産（すなわち銀行の土地，建物等以外の資産）は，便宜上三つに分類されるであろう。すなわち（一）金，（二）投資，および（三）貸出しである。「金」によって私は，中央銀行が自ら創造することのできないもので，それを法貨と換え，あるいは（および）法貨をそれに換えることが，法律によって中央銀行に義務づけられているような資産のすべてを意味する。「投資」によって私は，金以外のすべての資産で，中央銀行が自己の発意によって購入するものを意味し，したがってそれには，公開市場で購入される手形を含めてもよい。「貸出し」によって私は，金以外の資産で，中央銀行が法律あるいは慣習に基づいて買い入れてきたもののすべてを意味する」とある。中央銀行のバランスシートについてはRule（2015）を参照。
　現日本銀行法の下では，日本銀行が保有する資産はマネーの価値を裏付けない。ただし，日銀当座預金を吸収するとき，金融機関に「売却」する資産の質が問題となる。金融機関が資産の「購入」をためらえば，日銀当座預金を吸収しづらくなる。損失引当金については日本銀行法施行令15条，会計検査院，平成30年度決算検査報告，第4章第3節第4量的・質的金融緩和等の日本銀行の財務への影響についてを参照。

補　論　信用創造

　貸出しについて「銀行は，私たちから集めた預金をまとめて企業に貸出す」と説明されることがあります。また，「資金を提供する預金者と資金を借りる企業との間に銀行が入るので，間接金融という」と解説されることがあります。この説明はわかりやすく感じられますが，必ずしも貸出しの実際を反映していません。では，貸出しの実際はどのようなものでしょうか。

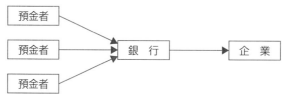

図表 2－12　銀行貸出（よくある説明）

　まず，銀行は私たちから集めた預金を企業に貸出しません。もし私たちの預金を貸出すのであれば，銀行が企業に貸出すとき私たちの預金は減ってしまいます。いうまでもなく，銀行は許可なく私たちの預金を減らすことなどできません。私たち自身が現金を引出したり，支払いにつかったりするときにだけ，私たちの預金は減ります。

　そもそも，貸出契約と預金契約はまったく別です。貸出しは銀行と企業との契約であり，預金は銀行と預金者との契約です。契約の相手方とならない預金者と企業に，権利と義務の関係が生じることはありません。

　貸出しとは，企業の預金を単に増やすことです。預金の増加は電子情報の変更ですので，端末を操作するだけで作業が終了します。これが貸出しの実際です[16]。

　お金をめぐるサービスは近年増えていますが，サービスを提供する企業や規制当局にどれほどの知識と覚悟があるのか，甚だ心許なく感じます[17]。

---

16) 信用創造については佐々木（2016）の第 3 章，Crick（1927），Tobin（1963），McLeay et al. (2014) 等を参照。高校の教科書にみられる「信用創造を表す図」は貸出しの実際を描写しない。謬見の元となる図は高校の教科書や各種試験の教本から外すべきである。本源的預金，派生的預金，貨幣（信用）乗数，預貸率，間接金融等の語も現実の金融システムとの接点がない。現実を反映しない説明は無益有害である。普通科の「政治・経済」から経済学を減らし，商業科の「経済活動と法」をやさしくして盛り込むことを勧める。イデオロギーではなく，仕組みと手続きを教えるべきである。
17) 場合によっては不可逆的混沌が生じる，という怖れを持つべきである。生半可な知識と覚悟で貨幣制度に手を触れてはいけない。失敗してからでは取り返しがつかない。

参考文献

【和書】

・佐々木浩二『ファイナンス ─資金の流れから経済を読み解く─』創成社，2016年。

・日本銀行『わが国の流動性預金について』日本銀行調査月報10月号，115-135，1990年。

・日本銀行調査統計局『マネーストック統計の解説』2019年。

【訳書】

・Keynes, John Maynard著，小泉明・長澤惟恭訳『貨幣論 I 貨幣の純粋理論』ケインズ全集第 5 巻，東洋経済
　　新報社，2001年。

・Keynes, John Maynard著，長澤惟恭訳『貨幣論 II 貨幣の応用理論』ケインズ全集第 6 巻，東洋経済新報社，
　　2001年。

・Moggridge, Donald Edward編，那須正彦訳『社会・政治・文学論集』ケインズ全集第28巻，東洋経済新報
　　社，2013年。

【洋書】

・Crick, W.F., 1927, The Genesis of Bank Deposits, Economica, 20, 191-202.

・European Central Bank, 2008, Payments and Monetary and Financial Stability, ECB-Bank of England
　　Conference, 12-13 November, 2007.

・McLeay, Michael, Amar Radia, and Ryland Thomas, 2014, Money Creation in the Modern Economy, Quarterly
　　Bulletin, 2014 Q1, Bank of England.

・Rule, Garreth, 2015, Understanding the Central Bank Balance Sheet, Handbook, No.32, Centre for Central
　　Banking Studies, Bank of England.

・Tobin, James, 1963, Commercial Banks as Creators of "Money", Cowles Foundation for Research in
　　Economics, Yale University, Discussion Paper, 159.

Further Reading

・金融制度調査会『日本銀行法の改正に関する答申（平成 9 年 2 月 6 日）』1997年。

・金融法委員会『マイナス金利の導入に伴って生ずる契約解釈上の問題に対する考え方の整理』2016年。

・全国銀行資金決済ネットワーク『ビデオ：ようこそ全銀システムへ』2012年。

・日本銀行『引当金制度に関する検討要請について』2015年。

・日本銀行決済機構局『「決済動向」の解説』2019年。

・日本銀行調査統計局『金融統計調査表の記入要領』2017年。

・日本銀行調査統計局『「マネタリーサーベイ」の解説』2019年。

・日本銀行調査統計局『「預金・現金・貸出金，預金者別預金，貸出先別貸出金」の解説』2020年。

・預金保険機構『預金保険ガイドブック』2016年。

・Bonar, James, 1922, Knapp's Theory of Money, Economic Journal, 32, 125, 39-47.

・The Bank of Canada, European Central Bank, Bank of Japan, Sveriges Riksbank, Swiss National Bank,
　　Bank of England, Board of Governors of the Federal Reserve and Bank for International Settlements, 2020,
　　Central Bank Digital Currencies: Foundational Principles and Core Features, Bank for International
　　Settlements.

──── 第 3 章 ────

GDP

第1章と第2章で経済活動を支えるマネーについて学びました。本章では生産活動が社会に加える価値について学びます。

1 付加価値

売るモノを作る活動を生産といい，生産活動が社会に加える価値を付加価値といいます。図表3－1は付加価値を説明するためのものです。図は，栽培したオレンジを農家が飲料メーカーに100円で売り，購入したオレンジをもとに製造したジュースを飲料メーカーが小売店に250円で売り，仕入れたジュースを小売店が私たちに300円で売るという売買をひとつづきに表しています。

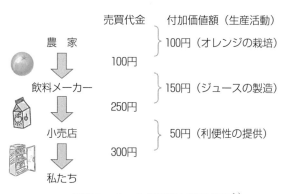

図表3－1　生産活動と付加価値[1]

農家，飲料メーカー，小売店の生産活動が社会に加えた価値は，売買代金をもとに測られます。農家はオレンジを販売して100円を得ます。これは，オレンジの栽培が社会に100円分の価値を加えたことを意味します。飲料メーカーはジュースを販売して250円を得ます。このうち100円はオレンジの価値ですので，ジュースの製造が社会に加えた価値

1）伊藤（2004, pp.28-29）を参考に作成。初学者向けに，推計の実際ではなく説明の便宜を優先してこの図を掲げた。付加価値の定義については間宮訳（2008）の第6章を参照。

は150円分です。小売店はジュースを販売して300円を得ます。このうち250円はジュースの価値ですので，購入の利便性の提供が社会に加えた価値は50円分です。私たちがこのジュースを300円で買うということは，農家，飲料メーカー，小売店の生産活動が社会に加えた300円分の価値を享受することを意味します。

GDP

ある期間に国内の生産活動が社会に加える価値の総額をGDPといいます[2]。ここで「ある期間」とは，四半期，暦年，年度のいずれかです[3]。「国内の生産活動」とは，日本国内の生産活動だけ考慮することを意味します。「社会に加える価値の総額」とは，国内の生産活動が生み出す付加価値を１つ１つ測り，すべて足し合わせることを意味します。

GDPには名目と実質の２とおりあります。実質GDPは取り扱いがとても難しいので，ここでは名目GDPをみます。2018年暦年の名目GDPは547兆円でした[4]。

三面等価

GDPの測りかたには生産，分配，支出の３とおりあります。測りかたが異なっても計測対象はおなじGDPですので，その値は理論上等しくなります。これを三面等価といいます。次ページの図表３－２は2018年暦年の三面等価を表しています。

GDP（生産側）は産業別に付加価値を推計します。第１次産業には農林水産業が，第２次産業には鉱業，製造業，建設業が，第３次産業にはその他の産業が属します。日本は「ものづくり大国」といわれてきましたが，第２次産業が社会に加える価値は，第３次産業が社会に加える価値の３分の１ほどです。

GDP（分配側）は分配先別に付加価値を推計します。雇用者報酬とは社会に価値を加えるために働いた人たちへの報酬です。営業余剰・混合所得とは働く人たちを組織して効率よく価値を生み出した企業への報酬です。純税とは生産・輸入品に課される税と補助金との差額です。消費税や関税など生産・輸入品に課される税は売買代金を引き上げ，産業の

2）GDP（Gross Domestic Product）とは国内総生産である。国内の生産活動とは，国内に居住する生産者の生産活動を意味する（内閣府，2008SNA（仮訳）第６章節6.84を参照）。

3）四半期とは１-３月，４-６月，７-９月，10-12月の各３か月，暦年とは１月から12月までの１年，年度とは４月から翌年３月までの１年のことである。

4）国民経済計算は2020年末に基準改定された。2015年基準の暦年名目GDPの推計値は，2018年556兆円，2019年561兆円であった。本書執筆時点ではGDPの内訳等，詳細データが未公表であったため，2011年基準の国民経済計算のデータを用いて分析している。この点ご了承いただきたい。2015年基準の国民経済計算については2021年夏刊行予定の佐々木（2020）の改訂版を参照いただきたい。実質GDPについては第11章を参照。

保護や振興を目的とする補助金は売買代金を引き下げます。GDPは売買代金をもとに推計されますので，売買代金を上下させる要因をこの項目で調整します。付加価値のおおよそ半分は働く人に，残りの半分は企業と政府に分配されています。

GDP（支出側）は使用先別に付加価値を推計します。付加価値が国内で消費されると最終消費支出に計上され，国内で生産設備などに使われると総資本形成に計上されます。純輸出は国境を越えて出入りする付加価値を調整する項目です。「貿易立国日本」といわれることがありますが，国内で生産されたモノの大半は国内で使われています。

図表 3 － 2 　三面等価[5]

三面等価は重要なことを私たちに教えてくれます。それは，経済について考えるとき，生産，分配，支出を切り離せないということです。私たちがモノを買うときに払うお金は，そのモノを生産する人々の給与や企業の利益になります。給与と利益は，人々がモノを買ったり企業が設備を導入したりするのに充てられます。価値と所得と支出は一体です[6]。

❹ 各側面の詳細

GDPの各側面を詳しくみましょう。図表 3 － 3 は1995年，2005年，2018年のGDP（生産側）を表しています。1995年と2018年の付加価値額を比べると，農林水産業は 2 兆円減り，鉱業，製造業，建設業は16兆円減り，その他の産業は54兆円増えました。この20年ほどのあいだに産業転換が進みました。

5） 内閣府経済社会総合研究所,国民経済計算からデータを取得し作成。生産側と分配側に現れる統計上の不突合－ 8 千億円と，生産側の項目である輸入品に課される税・関税と総資本形成に係る消費税の差額2.8兆円を表示していない。執筆時点で2019年暦年の推計値は未公表であったため，本書は2018年暦年の推計値を最新のものとする。2020年末から公表される推計値は，2015年基準に改定されたものであることに留意する。2015年基準国民経済計算については，内閣府経済社会総合研究所国民経済計算部（2020）を参照。

6） 間宮訳（2008,pp.31-32）に「生産活動に関与する社会の全生産要素の所得は集計すれば必ず生産物の価値に寸分違わず等しくなる」とある。

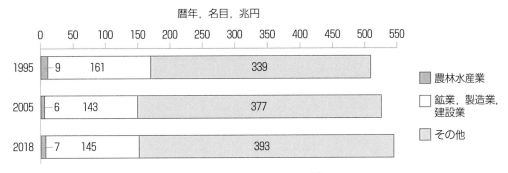

図表 3 － 3　GDP（生産側）[7]

　図表 3 － 4 はその他の産業でおきた産業転換を付加価値の増減で表しています。保健衛生・社会事業は介護サービスが利用されるようになったこと，専門・科学技術は研究開発が盛んになったこと，業務支援は外部に委託される業務が増えたこと，情報通信はインターネットやソフトウェアに関連するサービスがひろまったことが付加価値増加に寄与したようです。

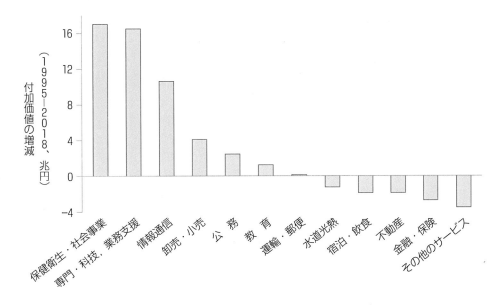

図表 3 － 4　その他の産業の付加価値増減[8]

---

7 ）内閣府経済社会総合研究所,国民経済計算からデータを取得し作成。項目のうち，専門・科技，業務支援は専門・科学技術，業務支援サービスである。産業分類については内閣府経済社会総合研究所国民経済計算部（2016）の巻末資料 2 - 1 から 2 - 4 を参照。ペティ＝クラークの法則については大内・松川訳（2018, p.44, pp.64-66, p.104），Clark（1940, p.176）を参照。コロナ禍は，何気ない日々の消費活動がかけがえのないものだと気づかせてくれた。

8 ）内閣府経済社会総合研究所,国民経済計算からデータを取得し作成。不動産業は持ち家の帰属家賃を控除して算出した。

　GDP（分配側）は雇用者報酬，営業余剰・混合所得，純税からなります。図表3－5は雇用者報酬を表しています。雇用者報酬は給与の総額です。1995年と比べて，2018年の雇用者報酬は18兆円増えました。ただし，働き手が直接受け取るのは雇用者報酬から所得税，住民税，社会保険料などを差し引いた額です。所得税，住民税など（所得・富等に課される経常税）と社会保険料（社会負担）を除く雇用者報酬は，同時期に4兆円減っています。

　2018年の雇用者報酬284兆円のうち，113兆円は税と社会保険料でした。これらは年金，医療，介護の財源となりますが，企業の「こんなに払っている」という認識と，働き手の「これしかもらっていない」という認識に大きなずれを生み出しています。企業と働き手の関係を保ちつつ，社会保障制度を維持するのは容易でありません。

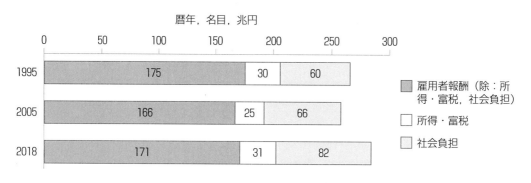

図表3－5　雇用者報酬[9]

　図表3－6は営業余剰・混合所得を表しています[10]。営業余剰とは法人企業の利益であり，混合所得とは自営農家や個人商店などの利益です。自営業の利益は，自営業主の家族の給与と混じり合っていることから混合所得といいます。1995年と比べて，2018年の営業余剰は28兆円増えましたが，混合所得は21兆円減りました[11]。会社法制が変わって法人として事業を営みやすくなったこと，家族が高齢になり事業を続けることが難しくなったことなどが混合所得の減少に寄与したと考えられます。

9）内閣府経済社会総合研究所，国民経済計算からデータを取得し作成。雇用者の負担を表出するために所得の2次分配勘定の一部を組み入れた。詳細は佐々木（2020）を参照。文中の差額とグラフに掲げた数値による差額の差1兆円は丸め誤差である。

10）図表に掲げたのは固定資本減耗を含む「総」概念の営業余剰・混合所得である。GDPは固定資本減耗を含むことから国内「総」生産という。GDPから固定資本減耗を除いた値を国内「純」生産（Net Domestic Product；NDP）という。

11）混合所得については農林水産業の付加価値額，総務省統計局，個人企業経済調査，内閣府，2008SNA（仮訳）の第24章節24.6から24.8を参照。所得支出勘定への接続を考えると，混合所得は雇用者報酬とペアで表示すべきとも思われる。

暦年，名目，兆円

図表 3 － 6　営業余剰・混合所得[12]

　図表 3 － 7 は純税を表しています。純税とは生産・輸入品に課される税と補助金との差です。生産・輸入品に課される税には消費税，酒税，たばこ税，関税，固定資産税などが含まれます[13]。1995年と比べて，2018年の生産・輸入品に課される税は12兆円増えました。これは，消費税の税率が段階的に引き上げられてきたことによります。補助金とは産業を保護，育成するために政府が企業や農家などに与えるお金です。1995年と比べて，2018年の補助金は 1 兆円減りました。

暦年，名目，兆円

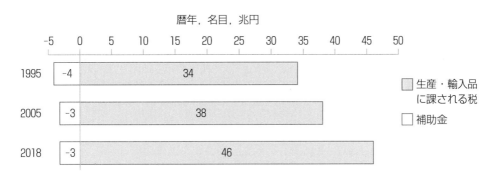

図表 3 － 7　生産・輸入品に課される税と補助金[14]

12)　内閣府経済社会総合研究所，国民経済計算からデータを取得し作成。

13)　内閣府経済社会総合研究所国民経済計算部（2019）の第 3 章表 3 - 3 を参照。

14)　内閣府経済社会総合研究所，国民経済計算からデータを取得し作成。補助金は純税を算出するとき控除するため負の符号を付けて掲げた。消費税の税率は1995年に 3 ％，2005年に 5 ％，2018年に 8 ％であった。財務省，租税及び印紙収入決算額調を参照。

　GDP（支出側）は最終消費支出，総資本形成，純輸出からなります。図表3－8は最終消費支出を表しています。最終消費支出は民間最終消費支出と政府最終消費支出に分かれます。さらに，政府最終消費支出はサービスの受け手を特定できる個別消費と，サービスの受け手が日本国民一般である集合消費に分かれます。1995年と比べて，2018年の民間最終消費支出は30兆円，政府の個別消費は24兆円，政府の集合消費は6兆円増えました。

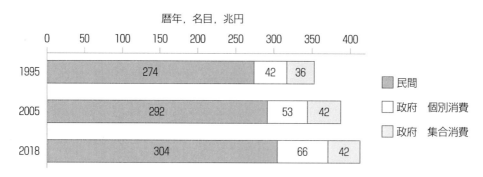

図表3－8　最終消費支出[15]

　図表3－9は総資本形成を表しています。総資本形成は企業設備，住宅，一般政府，在庫変動に分かれます。企業設備には民間企業による設備の購入や国公立の大学病院による設備の購入などが計上されます。住宅には民間部門による住宅の建設や公的部門による宿舎の建設などが計上されます。一般政府には道路を敷いたり橋を架けたりする費用が計上されます。在庫変動には生産と流通の途上にある在庫の増減が計上されます。1995年と比べて，2018年の企業設備は2兆円増えましたが，住宅は10兆円，一般政府は11兆円，在庫変動は1兆円減りました。

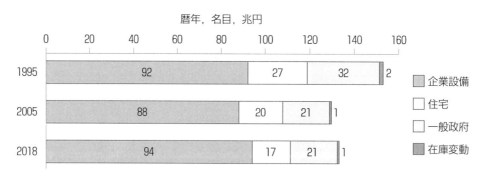

図表3－9　総資本形成[16]

15）内閣府経済社会総合研究所，国民経済計算からデータを取得し作成。

　純輸出とは輸出と輸入の差です。図表3−10は輸出と輸入を表しています。輸出は，製品や原材料の販売が計上される財貨の輸出と，来日する旅行者が払うツアー代金などが計上されるサービスの輸出に分かれます。輸入は，製品や原材料の購入が計上される財貨の輸入と，海外旅行のツアー代金などが計上されるサービスの輸入に分かれます。1995年と2018年を比べると，財貨の輸出は41兆円，サービスの輸出は14兆円，財貨の輸入は52兆円，サービスの輸入は8兆円増えました。2018年の訪日観光客は3,191万人でしたが，これにともなう旅行サービスの輸出額は4兆円でした[17]。

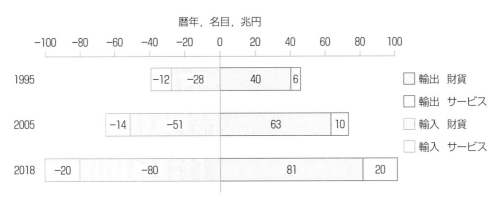

暦年，名目，兆円

1995	−12　−28　40　6	
2005	−14　−51　63　10	
2018	−20　−80　81　20	

□ 輸出　財貨
□ 輸出　サービス
□ 輸入　財貨
□ 輸入　サービス

図表3−10　輸出と輸入[18]

　「GDPは国内の総生産なのに，なぜ輸出と輸入があるのですか」と聞かれることがあります。輸出の項目があるのは，国内の生産物のうち海外で使われるものがあるためです。輸入が控除項目としてあるのは，中間消費，最終消費支出，総資本形成に国内の生産物ではない輸入品が含まれるためです[19]。

16）内閣府経済社会総合研究所,国民経済計算からデータを取得し作成。総資本形成に係る消費税控除後の値を示した。住宅，企業設備，在庫変動は民間部門と公的部門の和である。総固定資本形成と固定資本減耗の差額を純固定資本形成という。純固定資本形成については第13章を参照。

17）訪日観光客数は日本政府観光局,統計データ,訪日外客数から取得。訪日観光客へのサービスの輸出は非居住者家計の国内での直接購入（2018年暦年に4兆円）に対応する。コロナ禍により，訪日外客数は2019年の3,188万人から2020年の412万人へ減少した。これにともない旅行サービスの輸出は大幅に減少することが予想される。

18）内閣府経済社会総合研究所,国民経済計算からデータを取得し作成。輸入はGDPの控除項目であるため負の符号を付けて示した。財別，取引通貨別の貿易については財務省,貿易統計,最近の輸出入動向，財務省,貿易取引通貨別比率を参照。企業の国際的な活動については経済産業省,グローバル出荷指数を参照。

19）詳細は本章の補論を参照。

補　論　GDP推計の概要

　GDP推計の手順は複雑です。推計の国際マニュアルである2008SNAは700ページを超える分量がありますし，それをもとにした日本の推計手順書も200ページ近くあります。ここでは，推計手順をコントロール・トータル，コントロール・トータルの振り分け，微調整の３段階に分けてごく短く説明します。

　コントロール・トータル（CT）とは国内の産出額のことです。CTの振り分けかたはGDPの支出側と生産側・分配側で異なります。支出側はCTを品目別に国内の使用（中間消費，最終消費支出，総資本形成）に振り分けます。中間消費とは，社会に価値を加えるために使われる原材料，部品，事務用品などを金額で表したものです。流通経路をたどって生産物を国内の使用に振り分けるこのしかたをコモディティ・フロー法といいます。

品目別CT　→　中間消費 ＋ 最終消費支出 ＋ 総資本形成

　国内の使用には輸入品が含まれ，海外の使用には国内で生産された輸出品が含まれます。輸入した原材料や部品，食品やブランド品を国内で使ったり消費したりすることがありますし，国内で生産した自動車や工作機械が輸出されることもあります。そこで，矢印の左右がバランスするように，品目別CTに輸入と関税等を加え，輸出を減じます。

品目別CT ＋ 輸入 ＋ 輸入品に課される税・関税 ― 輸出

→　中間消費 ＋ 最終消費支出 ＋ 総資本形成

　矢印の左側にある項目のうち，輸入品は国内の生産物ではありませんので，GDPを推計するとき減じます。他方，輸出品は国内の生産物ですので，GDPを推計するとき加えます。矢印の右側にある項目のうち，中間消費は社会に価値を加えるために使われるモノですので，GDPを推計するとき減じます。すると

品目別CT ＋ 輸入品に課される税・関税 ― 中間消費

→　最終消費支出 ＋ 総資本形成 ＋（輸出 ― 輸入）

　さいごに，総資本形成に係る消費税を調整してGDP（支出側）を求めます。本章の本文で示した総資本形成は消費税控除後の値です。

GDP ＝ 品目別CT ＋ 輸入品に課される税・関税 ― 総資本形成に係る消費税 ― 中間消費

＝ 最終消費支出 ＋（総資本形成 ― 総資本形成に係る消費税）＋（輸出 ― 輸入）

　GDP（生産側）とGDP（分配側）は，CTを産業別に振り分け，中間投入を差し引いて推計します。中間投入とは，社会に価値を加えるために投入された原材料，部品，事務用品などです。

$$産業別CT － 中間投入　→　付加価値$$

　輸入品に課される税・関税と総資本形成に係る消費税を調整してGDP（生産側）を求めます。

$$GDP ＝ 付加価値 ＋ 輸入品に課される税・関税 － 総資本形成に係る消費税$$

　付加価値を雇用者報酬，営業余剰・混合所得，純税に分けてGDP（分配側）を求めます。

$$GDP ＝ 雇用者報酬 ＋ 営業余剰・混合所得 ＋（生産に課される税$$
$$＋ 輸入品に課される税・関税 － 補助金）－ 総資本形成に係る消費税$$

　図表3－11はGDPを模式化したものです。微調整部分を除くと，生産，分配，支出の各側面から測るGDPはいずれもCTの一部です。各側面の違いは，付加価値の振り分けかたによります。

図表3－11　GDP推計の構造[20]

20）説明の便宜のために，この補論では一般名詞であるコントロール・トータルを固有名詞として用いた。推計手順の詳細は，内閣府経済社会総合研究所国民経済計算部（2016, 2019, 2020），佐々木（2020）を参照。微調整部分は輸入品に課される税・関税と総資本形成に係る消費税との差に対応する。

参考文献

【和書】

・伊藤元重『入門経済学』日本評論社，2004年。

・佐々木浩二『経済の統計 ―はじめてのSNA―』三恵社，2020年。

・内閣府経済社会総合研究所国民経済計算部『2008SNAに対応した我が国国民経済計算について（平成23年基準版）』2016年。

・内閣府経済社会総合研究所国民経済計算部『推計手法解説書（年次推計編）平成23年基準版』2019年。

・内閣府経済社会総合研究所国民経済計算部『推計手法解説書（年次推計編）平成27年基準版』2020年。

【訳書】

・Keynes, John Maynard著，間宮陽介訳『雇用，利子および貨幣の一般理論』上巻，岩波書店，2008年。

・Petty, William著，大内兵衛・松川七郎訳『政治算術』岩波書店，2018年。

【洋書】

・Clark, Colin, 1940, The Conditions of Economic Progress, Macmillan.

Further Reading

・経済産業省『平成30年度版 産業税制ハンドブック』2018年。

・内閣府経済社会総合研究所国民経済計算部『国民経済計算の次回基準改定について』第19回国民経済計算体系的整備部会（総務省），資料2，資料3，2020年。

・山岸圭輔『SNAのより正確な理解のために～SNAに関し，よくある指摘について～』季刊国民経済計算，162, 33-59, 2017年。

・European Commission, International Monetary Fund, Organization for Economic Co-operation and Development, United Nations, and World Bank, 2009, System of National Accounts 2008.

・Keynes, John Maynard, 1940, The Concept of National Income: A Supplementary Note, Economic Journal, 50, 197, 60-65.

・Keynes, John Maynard, 1946, The Balance of Payments of the United States, Economic Journal, 56, 222, 172-187.

・Keynes, John Maynard, and Erwin Rothbarth, 1939, The Income and Fiscal Potential of Great Britain, Economic Journal, 49, 196, 626-639.

・Meade, James Edward, and Richard Stone, 1941, The Construction of Tables of National Income, Expenditure, Savings and Investment, Economic Journal, 51, 202/203, 216-233.

・United Nations, 2003, Handbook of National Accounting: A Practical Introduction, Series F, No.85.

─── 第4章 ───

国　富

　図表4−1はある企業の事業活動を表しています。前年末時点で10億円の純資産を持つこの企業は，年始から年末まで事業活動をして1億円の純利益を得ました。その結果，本年末時点で純資産が11億円になりました。この企業のようすは，前年末，本年末の純資産と年中の事業活動によって得た純利益によって記述されます。

前年末の純資産　　10億円

年間の純利益　　　1億円

本年末の純資産　　11億円

図表4−1　企業の事業活動

　一国の経済も，前年末，本年末の国富と年中の国富増減によって記述されます。国富は国民貸借対照表に，国富増減は資本勘定，金融勘定，調整勘定にあらわれます。本章ではこれらについて学びます。

1　国　富

　国富は国民貸借対照表にあらわれます[1]。国民貸借対照表には国民資産，負債，国富が記録されます。国民資産は非金融資産と金融資産に分かれます。非金融資産は，道路，住宅，工場，機械，ソフトウェア，在庫など生産に由来する生産資産と，土地，地下資源，漁場など領土や領海に由来する非生産資産からなります。金融資産は現金，預金，貸出金，国債，株式，保険，年金などからなります。負債は現金，預金，借入金，国債，株式，保険，年金などからなり，金融資産と対をなしています。

1）国富は正味資産ともいう。

国民資産	負　債
非金融資産	
金融資産	国　富

図表 4 - 2　国民貸借対照表

　図表 4 - 2 が示すように，国富は国民資産と負債の差額です。すなわち

国　富 ＝ 非金融資産 ＋（金融資産 － 負債）

　図表 4 - 3 は2017年末と2018年末の国富を表しています。 1 年のあいだに非金融資産は63兆円，金融資産と負債の差額は12兆円増えました。国富は75兆円増えました。

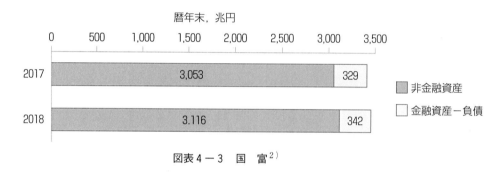

図表 4 - 3　国　富[2]

2　資本勘定，金融勘定，調整勘定

　国富の増減は資本勘定，金融勘定，調整勘定にあらわれます。図表 4 - 4 は資本勘定と金融勘定に計上される経済活動の例です。図の上段はモノの売買が資本勘定と金融勘定に計上されるようすを表しています。売買が成立すると，売り手の非金融資産は売却したモノの分だけ減り，買い手の非金融資産は購入したモノのうち財産として残る分だけ増えます。売り手の金融資産は売却代金の分だけ増え，買い手の金融資産は購入代金の分だけ減ります。図の中段は貸出しが金融勘定に計上されるようすを表しています。貸出金のすべてが企業の預金口座に振り込まれるのであれば，金融機関の金融資産（貸出債権）と負債（預金）は貸出額だけ増え，企業の負債（借入債務）と金融資産（預金）は借入額だけ増え

---

2 ）内閣府経済社会総合研究所,国民経済計算からデータを取得し作成。文中の「12兆円増えました」と図表の増分との差は丸め誤差である。小泉・長澤訳（2001, p.132）に「要求払いもしくは将来の一連の期日にわたる支払いにかかわる貨幣請求権を正の富とし，それらに対応する負債もしくは債務を負の富と」すると「請求権の正味の残高があることになるのであるが，それをわれわれは貸付資本（loan capital）と呼ぶことにする」。「実物資本と貸付資本の総計を投下資本の総額と呼ぶことにしよう」とある。

ます。図の下段は借入金の返済が金融勘定に計上されるようすを表しています。企業が預金を返済に充てるのであれば，企業の金融資産（預金）と負債（借入債務）は返済額だけ減り，金融機関の金融資産（貸出債権）と負債（預金）は返済額だけ減ります。

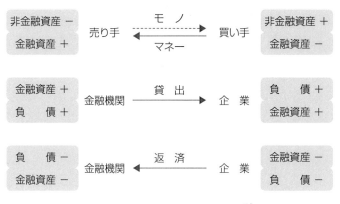

図表4－4　資本勘定と金融勘定[3]

　調整勘定には資本勘定と金融勘定にあらわれない国富の増減が計上されます。たとえば，2018年暦年の資産の調整額は次式から得られます。

$$調整額_{2018年}＝\left(資産_{2018年末}－資産_{2017年末}\right)－資本・金融取引額_{2018年}$$

　図表4－5は2018年の国富増減を表しています。資本・金融取引額は29兆円，調整額は46兆円増えました。2要素の合計75兆円は図表4－3の国富増加と同額です。

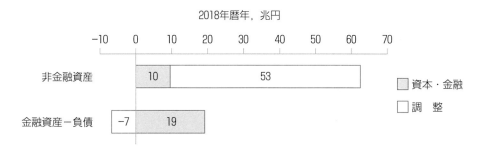

図表4－5　資本・金融勘定と調整勘定[4]

<hr />

3）内閣府,2008SNA（仮訳）の第2章節2.50から2.53と第11章節11.9から11.15を参照して作成。
4）内閣府経済社会総合研究所,国民経済計算からデータを取得し作成。小泉・長澤訳（2001,
　　p.132）に「ある期間の投下資本の増加は常に，実物資本と貸付資本の総計を構成している
　　種々の範疇に属する諸項目の正味の増加であ」る，とある。

③ 国富増減の詳細

　非金融資産，金融資産，負債について詳しくみましょう。非金融資産は固定資産，在庫，非生産資産からなります。固定資産は住宅，住宅以外の建物，構築物，土地改良，輸送用機械，情報通信機器，その他の機械・設備，防衛装備品，育成資産，研究開発，鉱物探査・評価，コンピュータソフトウェアに分かれます。図表4－6の左図は2017年末と2018年末の固定資産を表しています。額が多いのは構築物，住宅，住宅以外の建物，その他の機械・設備，研究・開発です。右図は2018年に生じた固定資産の増減を表しています。資本取引額については住宅以外の建物，構築物，その他の機械・設備，研究・開発のプラスが目立ちます。資本取引額の合計は＋9兆円です。これは2018年に新たに導入された機械や設備が2018年に劣化した機械や設備より多かったため，設備規模が拡大したことを意味します。調整額については構築物のプラスが目立ちます。

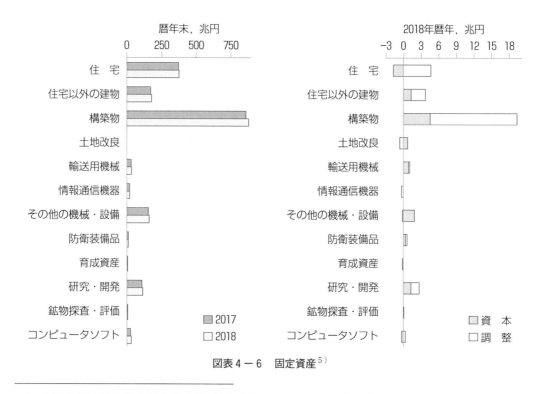

図表4－6　固定資産[5]

5）内閣府経済社会総合研究所，国民経済計算からデータを取得し作成。住宅以外の建物は学校，病院，ホテル，工場等を，構築物は道路や堤防等を，輸送用機械は自動車やトラック等を，その他の機械・設備は工場の製造設備等を，育成資産は果樹等を含む。分類の詳細は内閣府経済社会総合研究所国民経済計算部（2016）の図表23を参照。

　　総資本形成に係る消費税を控除した修正グロス方式で示した。固定資産の資本取引額は純固定資本形成に対応する。純固定資本形成については本書の第13章を参照。

　在庫は，生産と流通の段階によって，原材料在庫，仕掛品在庫，製品在庫，流通在庫に分かれます。図表4－7の左図は2017年末と2018年末の在庫を表しています。額が多いのは卸売業者や小売業者が抱える流通在庫です。右図は2018年に生じた在庫の増減を表しています。資本取引額については仕掛品在庫，製品在庫，流通在庫がプラス，原材料在庫がマイナスです。調整額については4項目ともプラスです。

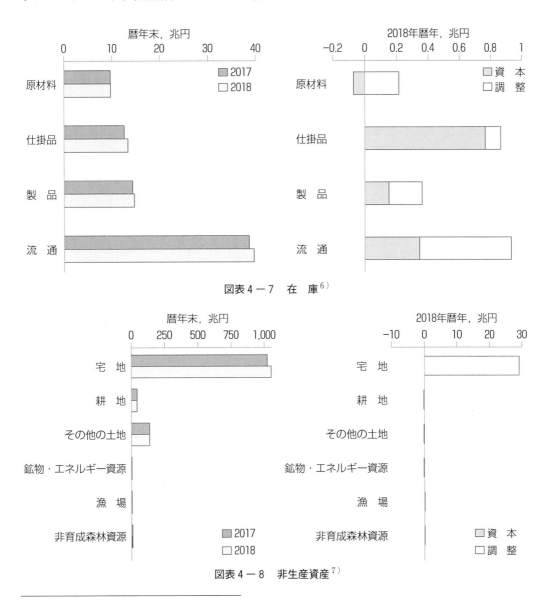

図表4－7　在　庫[6]

図表4－8　非生産資産[7]

6) 内閣府経済社会総合研究所, 国民経済計算からデータを取得し作成。総資本形成に係る消費税を控除せずグロス方式で表示した。在庫の資本調達額から総資本形成に係る消費税を控除した額はGDPの在庫変動と一致する。小泉・長澤訳（2001, pp.130-133）を参照。
7) 内閣府経済社会総合研究所, 国民経済計算からデータを取得し作成。分類の詳細は内閣府経済社会総合研究所国民経済計算部（2016）の図表27を参照。

　非生産資産は宅地，耕地，その他の土地，鉱物・エネルギー資源，漁場，非育成森林資源に分かれます。前ページ図表4－8の左図は2017年末と2018年末の非生産資産を表しています。額が多いのは宅地，耕地，その他の土地です。右図は2018年に生じた非生産資産の増減を表しています。調整額については宅地のプラスが目立ちます。非生産資産はその名のとおり生産によって生み出されない資産ですので，資本取引額は0です[8]。

　金融資産は貨幣用金・SDR等，現金・預金，貸出，債務証券，持分・投資信託受益証券，保険・年金・定型保証，金融派生証券等，その他の金融資産に分かれます。図表4－9の左図は2017年末と2018年末の金融資産を表しています。額が多いのは現金・預金，貸出，債務証券，持分・投資信託受益証券，保険・年金・定型保証，その他の金融資産です。債務証券の多くは日本国債です。右図は2018年に生じた金融資産の増減を表しています。金融取引額については現金・預金，貸出，その他の金融資産のプラスが目立ちます。調整額については持分・投資信託受益証券とその他の金融資産のマイナスが目立ちます。調整額のマイナスは2018年末に生じた世界同時株安を反映しています[9]。

　負債は貨幣用金・SDR等，現金・預金，借入，債務証券，持分・投資信託受益証券，保険・年金・定型保証，金融派生証券等，その他の負債に分かれます。負債は金融資産と対をなしています。たとえば，国内で資金の貸借が生じると，金融資産の貸出と負債の借入が同額ずつ増えます。負債の残高と増減を表す図表4－10が，金融資産の残高と増減を表す図表4－9とおおよそおなじ姿をしているのはこのためです。姿が大きく異なるのは，その他の金融資産とその他の負債です。この差異は，国内の投資家が海外の資産を保有するとその他の金融資産に計上されますが，負債には計上されないために生じます[10]。

8）土地改良は固定資産の資本勘定に，土地の評価額は非生産資産（自然資源）に反映される。固定資産に分類される土地改良の期末残高が0であり，非生産資産の資本取引額も0であるのはこのためである。

9）日本経済新聞ウェブ版，2018年12月28日のマーケットニュース，同じく2019年1月1日の記事「NY株，記録ずくめ12月は09年以来の下げ」を参照。

10）金融資産と負債の差額を対外純資産という。財務省（2019）によると，日本国は2018年末時点で342兆円の対外純資産を保有していた。小泉・長澤訳（2001, p.134）に「対外貸出しによって，」「すなわち自国民による外国にある投資物件の正味の購買によって，外国人の処分にゆだねられる自国の貨幣の額の，外国人によってこれに対応するわが国にある投資物件の購買に費やされる額に対する超過を意味する」とある。

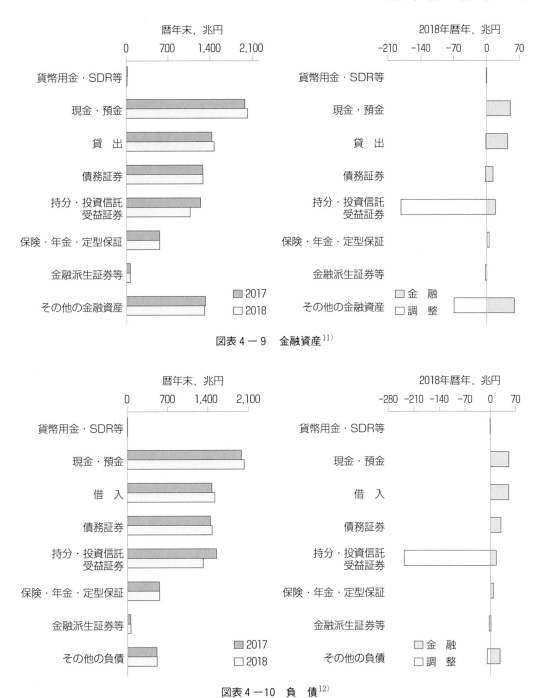

図表 4 − 9　金融資産[11]

図表 4 −10　負　債[12]

11)　内閣府経済社会総合研究所,国民経済計算からデータを取得し作成。
12)　内閣府経済社会総合研究所,国民経済計算からデータを取得し作成。

補論1　昭和・平成の日本経済

　GDPと国富の趨勢を，経済社会のうごきと重ね合わせてみましょう。まず1955年から1979年のようすを記述します。1956年経済白書の「もはや「戦後」ではない」という言葉を合図に，日本経済は戦後復興期から高度成長期へ移行しました。1960年，十年で国民の所得を倍にするという所得倍増計画を掲げて池田勇人首相が登場しました[13]。池田首相のブレーンであった下村治が「歴史的な時代」[14]と評したように，GDPは1960年の16兆円から1969年の62兆円へ，国富は1960年末の63兆円から1969年末の251兆円へ，いずれもおおよそ4倍になりました[15]。1968年に当時の西ドイツを抜きGDPで世界第2位となった日本は，1970年代に入っても1970年の大阪万博，1972年の沖縄返還，田中角栄首相の日本列島改造論による開発ブームなどによって経済が拡大しつづけました。GDPは1970年の73兆円から1979年の222兆円へ，国富は1970年末の296兆円から1979年末の1,166兆円へ，それぞれ3倍，4倍ほどになりました。1971年のニクソンショック，1973年の第1次石油ショック，1979年の第2次石油ショックという度重なるショックを受けてもなお成長をつづけた日本経済は，米国の学者を驚かせました[16]。

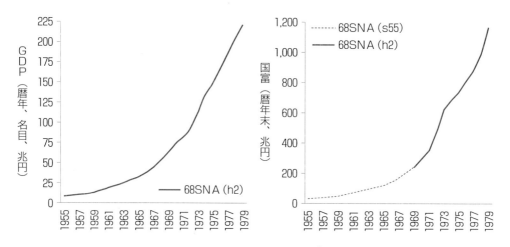

図表4−11　GDPと国富[17]

---

13) 昭和35年12月27日に閣議決定された「国民所得倍増計画について」を参照。
14) 下村（2009, p.14）から引用。
15) この時期に東海道新幹線や首都高速道路が整備され，Car（自動車），Cooler（クーラー），Color TV（カラーテレビ）の3Cが普及しはじめた。
16) ハーバード大学のEzra Feivel Vogelは"Japan as No.1"という本を著した。
17) 総務省統計局，日本の長期統計系列，内閣府経済社会総合研究所，国民経済計算からデータを取得し作成。図中「68SNA(h2)」は平成2年基準の68SNAのデータであることを，「68SNA(s55)」は昭和55年基準の68SNAのデータであることを表す。

　つづいて1980年からのようすを記述します。1981年に米国で誕生したレーガン政権は，財政と貿易の双子の赤字の解消に取り組みました。そのひとつの表れが1985年9月のプラザ合意です。日本，米国，西ドイツ，フランス，英国の合意をもとに外国為替はドル安に誘導され，円は対ドルで1984年12月の251円から1986年1月の192円へ急騰しました。もうひとつの表れは1986年4月に中曽根康弘首相に提出された前川レポートです[18]。これは，米国の貿易赤字を削減するために日本が率先して内需を拡大すべきだとする提言です。具体策として，都市部の再開発を促すために不動産関連税を減税し容積率を見直すこと，消費を増やすために所得税を減税し週休二日制をひろめること[19]，地方の社会資本整備を進めることなどが示されました。この提言をもとに多くの政策が立案されました。東京湾岸地域の開発計画は都市再開発の例です。これは，芝浦，晴海，勝関，豊洲，台場など448haの埋め立て地に，働く人口11万人，住む人口6万人の街をつくるという事業規模4兆円の計画でした[20]。1987年に施行された総合保養地域整備法は地方の社会資本整備の例です。この法律によって，各地にリゾート施設の建設が計画されました。全国42の計画を合わせると，事業費見通し11兆円，年間利用者数見通し3億8千万人，雇用者数見通し22万人に達しました[21]。

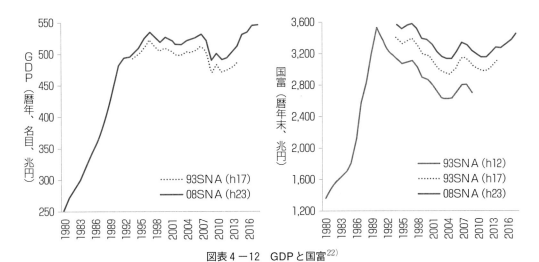

図表 4 －12　GDPと国富[22]

18) 国際協調のための経済構造調整研究会報告書のことである。翌1987年4月には経済構造調整特別部会最終報告（新前川レポート）が提出された。前川レポートに関連する計画に，第四次全国総合開発計画（四全総）や世界とともに生きる日本―経済運営5カ年計画がある。財源には建設国債のほか，NTTの政府保有株式の売却収入などが充てられた（日本電信電話株式会社の株式の売払収入の活用による社会資本の整備の促進に関する特別措置法を参照）。
19) 消費拡大策については平井・立脇訳（1996, pp.367-372）を参照。
20) 小峰編（2011a, p.228）図表3－2の臨海部副都心基本計画の数値を参照。
21) 小峰編（2011a, p.233）図表3－3の数値を参照。
22) 内閣府経済社会総合研究所，国民経済計算からデータを取得し作成。「93SNA(h12)」と

　これらの計画は地価を押し上げ，「山手線内の土地で米国の土地すべてを買える」[23) と
いわれるほどになりました。株式市場にも大量の資金が流れ込み，日経平均株価は1989
年末に史上最高値の3万8,957円44銭を記録しました。GDPは1980年の243兆円から1989
年の410兆円へ増え，国富は1980年末の1,363兆円から1989年末の3,231兆円へふくれあ
がりました[24)。

　1990年代に入ると状況は一変します。1990年の取引初日から株式市場は暴落しました。
都区部で弱含んでいた地価は，より広い地域で下がりはじめました。これがバブルの崩壊
といわれる現象です。国富は1990年末の3,531兆円をピークに500兆円規模で減りました。
GDPはバブル崩壊後もゆるやかに増えつづけましたが，それも1997年でおわりました。
1997年から1998年にかけて山一證券，北海道拓殖銀行，日本長期信用銀行，日本債券信
用銀行など，日本を代表する金融機関が相次いで破綻しました。1998年は1955年以降で
GDPが減少した最初の年になりました。金融機関はその後数年をかけて整理統合され，
2000年代に入ってようやく危機を脱しました。2002年以降は，円安と世界経済の活況と
いう追い風を受けて，実感がないといわれながら好況が長くつづきました。いざなみ景気
とよばれるこの好況は，2008年の夏，米国金融市場の混乱によっておわりました[25)。

　2011年，東日本大震災が発災し福島県，宮城県，岩手県を中心に甚大な被害が出まし
た。その後，震災の復興を契機として日本経済に回復の兆しがみえました。安倍晋三首相
はこの兆しを大きな流れとすべく経済再生を政策の柱に据えました。7年8か月にわたる
長期政権は，わが国に小春日和のような穏やかな日差しをもたらしました。

　2020年，コロナ禍が世界を襲い，世情は急変しました。多くの人が待ち望んでいた東
京オリンピックは延期になりました。前の版で「2011年からの動きは日本経済再興の最
後の機会であろう」[26) と書きましたが，日本経済再興の希望がパンデミックで潰えないよ
う，政策総動員でこの危機を乗り越えねばなりません[27)。

　「93SNA(h17)」は平成12年基準と平成17年基準の93SNAのデータであることを，
　「08SNA(h23)」は平成23年基準の08SNAのデータであることを表す。右図の国富について，
　08SNA（h23）の新統計と93SNA（h17）の旧統計がともに存在する2011年末の値を比較す
　ると，在庫（新69兆円，旧71兆円），固定資産（新1,656兆円，旧1,504兆円），非生産資産
　（新1,176兆円，旧1,159兆円）となる。固定資産に存在する150兆円ほどの差のうち，100兆
　円ほどは2008SNAで計上されるようになった研究・開発によって説明される。

23）　井手訳（2016, p.89）は日本の首都圏と米国全土の地価を比較している。
24）　小峰編（2011a, p.77）は，当時をうかがわせる言葉として，金融機関経営者の「向こう傷の
　　　ひとつぐらい気にしない」という言葉と経済評論家の「財テクをしない経営者は化石人間の
　　　ようなものだ」という言葉を紹介している。
25）　バブル崩壊からいざなみ景気までの経済動向については小峰編（2011b）を参照。
26）　佐々木（2018, p.41）の脚注25）から引用。
27）　内閣官房, 新型コロナウィルス感染症対策本部, 対策本部等資料を参照。

補論2　99％のための1％

　「日本経済は十分成熟しているから，成長しなくてよい」という人がいます。図表4－13はこの主張を検証するためのものです。左図の点線は1994年以降のGDPを表しています。実線は，毎年1％成長していたら達成できていた，ありうべきGDPを表しています。2018年のGDPは547兆円でしたが，毎年1％成長していたら637兆円になっていました。右図は，ありうべきGDPと実際のGDPとの差を累積値で表したものです。失われたGDPは累計で1,185兆円に達しています。

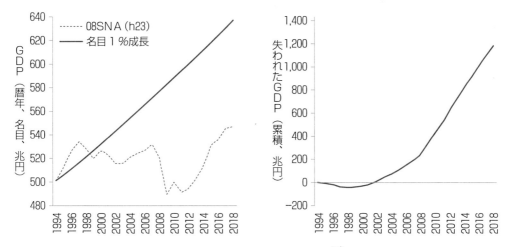

図表4－13　失われた富を求めて[28]

　名目1％成長は，わが国のような成熟国の目標としても保守的です。過去25年ほどのあいだこの目標を達成していれば，私たちの給与，企業の利益，税収は1,100兆円を超えて多かったのです。「7億円の宝くじに当たったら…」というテレビCMがありますが，1,100兆円あれば私たちはどれほど豊かに，楽しく暮らせていたでしょうか。

　「99％のために，せめて1％を」

　これは党派を超えたスローガンです[29]。

---

28) 内閣府経済社会総合研究所，国民経済計算からデータを取得し作成。1,200兆円に届かんとする世界史上最大級の人災は損害20兆円の原発事故の60倍である（東京電力改革・1F問題委員会，2016）。平成期の経済政策に関わった人はどう責任を取るのであろうか。
29) 99％の私たちが生存権を確保するには，経済成長を約束する政党に投票するしかない。日本人を豊かにしない政治・行政・学問は速やかに排除しなければならない。

参考文献

【和書】

・小峰隆夫編『バブル/デフレ期の日本経済と経済政策（歴史編）第 1 巻 日本経済の記録 ─第 2 次石油危機への対応からバブル崩壊まで─』佐伯印刷，2011 年(a)。

・小峰隆夫編『バブル/デフレ期の日本経済と経済政策（歴史編）第 2 巻 日本経済の記録 ─金融危機，デフレと回復過程─』佐伯印刷，2011 年(b)。

・財務省『平成30年末現在本邦対外資産負債残高』2019 年。

・佐々木浩二『マクロ経済分析 ─ケインズの経済学─』第 2 版，創成社，2018 年。

・下村治『日本経済成長論』中公クラシックス，2009 年。

・東京電力改革・1F問題委員会『東電改革提言』経済産業省，2016 年。

・内閣府経済社会総合研究所国民経済計算部『2008SNAに対応した我が国国民経済計算について（平成23年基準版）』2016 年。

【訳書】

・Keynes, John Maynard著，小泉明・長澤惟恭訳『貨幣論I 貨幣の純粋理論』ケインズ全集第 5 巻，東洋経済新報社，2001 年。

・Malkiel, Burton Gordon著，井手正介訳『ウォール街のランダム・ウォーカー ─株式投資の不滅の真理─』原著第11版，日本経済新聞出版社，2016 年。

・Moggridge, Donald Edward編，平井俊顕・立脇和夫訳『戦後世界の形成 ─雇用と商品─ 1940〜46年の諸活動』ケインズ全集第27巻，東洋経済新報社，1996 年。

📖 Further Reading

・伊藤正直・小池良司・鎮目雅人『1980年代における金融政策運営について：アーカイブ資料等からみた日本銀行の認識を中心に』金融研究，34, 2, 67-160，2015 年。

・倉林義正『SNAの成立と発展』一橋大学経済研究叢書，39，岩波オンデマンドブックス，2017 年。

・佐々木浩二『経済の統計 ─はじめてのSNA─』三恵社，2020 年。

・高島正憲『経済成長の日本史 ─古代から近世の超長期GDP推計 730-1874』名古屋大学出版会，2018 年。

・内閣府ウェブサイト，統計情報・調査結果，国民経済計算（GDP統計），歴史的資料 国民経済計算。

・一橋大学経済研究所ウェブサイト，人文学・社会科学データインフラストラクチャー構築推進事業，長期経済統計。

・深尾京司『世界経済史から見た日本の成長と停滞 ─1868-2018─』一橋大学経済研究叢書，67，岩波書店，2020 年。

・溝口敏行・野島教之『1940-1955年における国民経済計算の吟味』日本統計学会誌，23，1，91-107，1993 年。

・谷沢弘毅『経済成長の誕生 ─超長期GDP推計の改善方向─』神奈川大学経済貿易研究叢書，32，白桃書房，2019 年。

・Yoshioka, Shinji, and Hirofumi Kawasaki, 2016, Japan's High-Growth Postwar Period: The Role of Economic Plans, ESRI Research Note, 27.

─── 第 5 章 ───

就業と失業

　第3章で生産活動が社会に加える価値について学びました。本章では，社会に価値を加えるために働く意思がある人はどれほどおり，そのうち職を得ている人はどれほどいるのかをみます。

① 就業と失業

　労働基準法56条は，「満十五歳に達した日以後の最初の三月三十一日が終了するまで」働かせてはならないと定めています。働けるのは15歳の4月からです。
　図表5－1は総務省統計局による15歳以上人口の分類を表しています。15歳以上の人口は，まず非労働力人口と労働力人口に大別されます。非労働力人口とは働く意思がない人の数です。労働力人口とは働く意思がある人の数です。労働力人口のうち働く場所を得ている人の数を就業者数といい，働く場所を得ていない人の数を完全失業者数といいます。

図表5－1　15歳以上人口の分類

　次ページの図表5－2は非労働力人口と就業者数を表しています。左図の非労働力人口は長らく増えてきましたが，2012年の4,543万人をピークに減少に転じています。これは，少子化により通学を理由とする人口が減り，共働き世帯の増加により家事を理由とする人口が減ったことによります。右図の就業者数は1990年代中ごろまで増え，その後はおおよそ横ばいで推移しています。産業別にみると，農林水産業が属する第1次産業の就業者は減り，その他の産業が属する第3次産業の就業者は増えています。鉱業，製造業，建設業が属する第2次産業の就業者は，1992年の2,194万人をピークに減少に転じています。

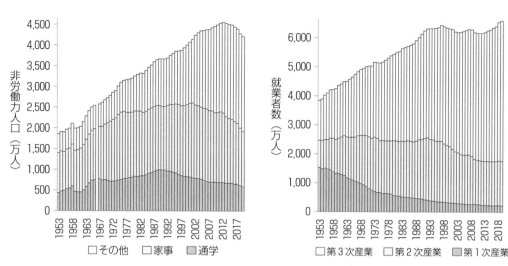

図表 5 － 2 　非労働力人口と就業者数[1]

　図表 5 － 3 は第 3 次産業の就業者数増減を業種別に表しています。男性96万人，女性273万人の就業者が増えた医療，福祉が目立ちます。

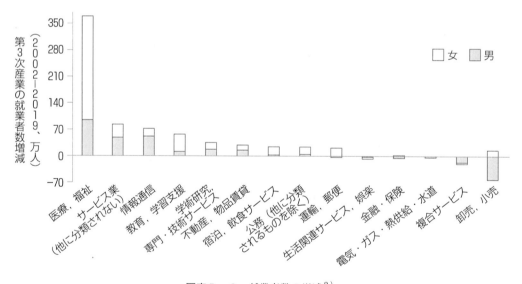

図表 5 － 3 　就業者数の増減[2]

1 ）　総務省統計局,労働力調査からデータを取得し作成。1958年以前は14歳以上を調査対象としていた。1966年以前と1967年以降は接続しない。1972年以前は沖縄県を含まない。東日本大震災が発災した2011年の計数は補完的な推計値である。右図の第 1 次産業は農林業と漁業であり，第 2 次産業は鉱業，採石業，砂利採取業，建設業，製造業である。第 3 次産業は第 1 次産業と第 2 次産業を除いた産業である。
2 ）　総務省統計局,労働力調査からデータを取得し作成。総務省統計局（2012）を参照。業種分類が2002年に更新されたため，それ以前には遡れない。

　完全失業者数とは，働く意思がありながら働く場所を得ていない人の数です。より正確には，仕事がなく，仕事を探しており，みつかればすぐその仕事に就ける人の数です。図表5-4の左図は完全失業者数を表しています。第1次石油ショックが発生した1973年まで50〜100万人くらいを推移していましたが，その後バブルが崩壊した1990年まで100〜170万人くらいを推移するようになりました。バブル崩壊後は150〜350万人くらいを推移しています。完全失業者数は景気の波とともに増減しますが，失業者数が増減する範囲は徐々に切り上がってきています。

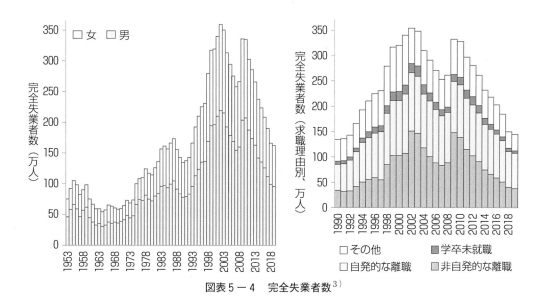

図表5-4　完全失業者数[3]

　図表5-4の右図は完全失業者数を求職理由別にみたものです。定年まで勤め上げた人や雇用の契約期間を終えた人のうち，仕事を探している人は非自発的な離職による失業者です。勤め先の業績が悪化して退職せざるをえなくなった人のうち，仕事を探している人も非自発的な離職による失業者です。希望退職に応じたり，家族の看病や介護のために離職した人のうち，仕事を探している人は自発的な離職による失業者です。学校を卒業する前に就職先がみつからず，卒業後も探している人は，学卒未就職者です。家族のうち，働いている人の収入が減ったため，ほかの誰かが職を探しているのであれば，その人はその他の理由による失業者です。増減が目立つのは非自発的な離職による失業者の数です[4]。

────────────
3）　総務省統計局，労働力調査からデータを取得し作成。1972年以前は沖縄県を含まない。右図のその他は非自発的な離職，自発的な離職，学卒未就職を除く完全失業者である。このデータは1990年より前に遡れない。総務省統計局（2019, p.8）は「仕事がなくて調査期間中に少しも仕事をしなかった（就業者とならなかった）」「仕事があればすぐ就くことができる」「調査期間中に，求職活動をしていた（過去の求職活動の結果を待っている場合を含む）」人を完全失業者と定義している。

労働力人口に対する完全失業者数の比率を完全失業率といいます。すなわち

$$完全失業率 = \frac{完全失業者数}{労働力人口}$$

　図表5−5は完全失業率と非自発的な離職による失業者の数を表しています。完全失業率には非自発的な離職による失業者数の増減，とりわけ勤め先や事業の都合による離職を理由とする失業者数の増減が反映されるようです。ここ10年ほどのあいだ，非自発的な離職を理由とする失業者が減り，完全失業率は低下してきています。

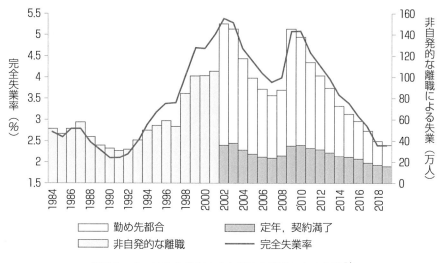

図表5−5　完全失業率と非自発的な離職による失業[5]

2 求職と求人

　失業している人はどのように職を探しているのでしょうか。図表5−6は求職方法を表しています。民間の求人広告・求人情報誌とおなじくらい多いのは，公共職業安定所（ハローワーク）に申し込みをするという方法です。ハローワークは全国各地にあり，インターネット上で求人情報を検索するサービスも提供しています。公的機関である安心感や，失業と求職に関する手続きのしやすさから，多くの人がハローワークを利用しています。

4）　この段落は総務省統計局（2019, pp.41-43）を参照して記述した。

5）　総務省統計局，労働力調査からデータを取得し作成。2002年以降，非自発的な離職による失業は「勤め先や事業の都合」と「定年または雇用契約の満了」に細分化されている。

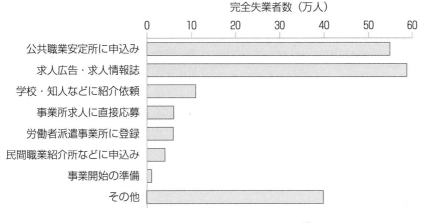

図表 5 － 6　主な求職方法[6]

　ハローワークには毎月新たな人が職を探しに来ます。その月に求職の申し込みをした人の数を新規求職申込件数といいます。これに前月から職を探しつづけている人の数を加えたものを月間有効求職者数といいます。ハローワークには毎月新しい求人票が持ち込まれます。その月に持ち込まれた求人票に記されている採用予定人数の総数を新規求人数といいます。これに前月から繰り越された求人数を加えたものを月間有効求人数といいます。これらのデータを下式に代入して新規求人倍率と有効求人倍率を算出します。毎月公表される 2 つの倍率は，ハローワークを介した職の探しやすさを表します。

$$新規求人倍率 = \frac{新規求人数}{新規求職申込件数} \qquad 有効求人倍率 = \frac{月間有効求人数}{月間有効求職者数}$$

　次ページ図表 5 － 7 の左図は新規求人倍率と有効求人倍率を表しています。倍率が高いのは，いずれも1970年代前半，バブル期，いざなみ景気の時期，リーマンショック後の回復期です。左図の棒グラフは新規求人数と新規求職申込件数の差を表しています。正社員については新規求人倍率が高いときにプラス，低いときにマイナスです。パートについてはすべての年でプラスです。右図の棒グラフは有効求人数と有効求職者数の差を表しています。正社員については多くの年でマイナスであり，パートについては多くの年でプラスです。求人倍率は正社員の求人数と求職者数の差と連動しているようです。

---

6 ）総務省統計局，労働力調査から2018年のデータを取得し作成。本書執筆時点で，令和元年労働力調査年報の構造表Ⅱ－Ｂ－12は公表されていなかった。厚生労働省職業安定局（2020，p.1）によるとハローワークの設置数は544である。厚生労働省（2017）を参照。

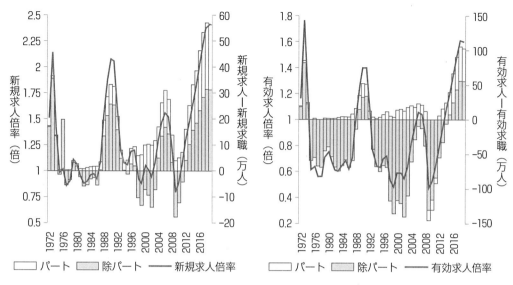

図表 5 － 7　新規求人倍率と有効求人倍率[7]

　新規求職申込件数に対する就職件数の比率を就職率といいます。図表 5 － 8 は正社員と
パートの就職率を表しています。就職率が高いのは，いずれも 1970 年代前半，バブル期，
いざなみ景気の時期，リーマンショック後の回復期です。ここ 10 年ほどのあいだ人手不
足が生じていましたが，雇用環境はコロナ禍によって激変しそうです[8]。

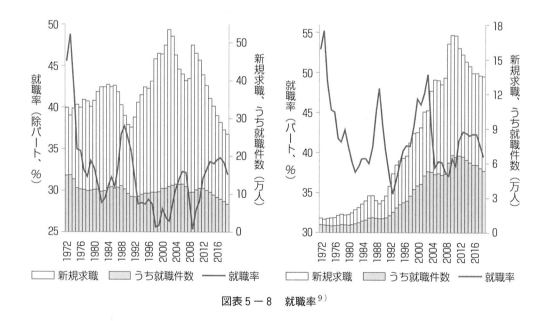

図表 5 － 8　就職率[9]

7 ）厚生労働省，一般職業紹介状況からデータを取得し作成。
8 ）2020 年 11 月の新規求人倍率は 2.02，有効求人倍率は 1.06，就職率は 30.6 ％であった。
9 ）厚生労働省，一般職業紹介状況からデータを取得し作成。

　さいごに就職率を職業別にみます。図表5-9は，2019年の新規求職者数が1万人以上かつ就職件数が5千件以上の職業のうち，就職率が高いものから順に5つ示したものです。左図が示すように，パートを除く常用雇用の就職率が高いのは清掃，製品製造・加工処理，自動車運転，社会福祉専門，介護サービスの仕事です。右図が示すように，常用的パートの就職率が高いのは製品製造・加工処理，社会福祉専門，自動車運転，介護サービス，飲食物調理の仕事です。正社員，非正社員ともに，ニーズは強いものの，業務の負荷が重く給与の水準が低めの仕事の就職率が高いようです。

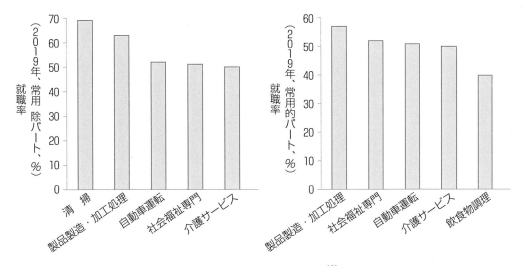

図表5-9　職業別の就職率[10]

---

10) 厚生労働省，一般職業紹介状況からデータを取得し作成。厚生労働省（2015, 2018）を参照。いわゆるDecent Workは，応募者が殺到するため就職率が低い。より厳しくみれば，Decent Workの求人票が公共職業安定所（ハローワーク）に出されるのは希である。

参考文献

【和書】

・厚生労働省『就職率と充足率の長期動向』労働市場分析レポート，第58号，2015年。
・厚生労働省『ハローワークにおける正社員就職の状況』労働市場分析レポート，第74号，2017年。
・厚生労働省『マッチング指標を用いたマッチング状況の分析』労働市場分析レポート，第92号，2018年。
・厚生労働省職業安定局『公共職業安定所（ハローワーク）の主な取組と実績』2020年。
・総務省統計局『労働力調査 新産業分類による遡及推定値（平成14〜18年）』2012年。
・総務省統計局『労働力調査の解説（令和元年6月版）』2019年。

📖 Further Reading

・厚生労働省『介護労働者の雇用管理の状況について』労働市場分析レポート，第91号，2018年。
・厚生労働省『就業形態の多様化に関する総合実態調査』。
・小林 徹・阿部正浩『民営職業紹介，公共職業紹介のマッチングと転職結果』経済分析，188，93-118，2014年。
・総務省統計局『労働力調査の結果をみる際のポイント』No.18，2013年。
・総務省統計局『平成27年国勢調査基準ベンチマーク人口への切替えに伴う時系列接続用数値について』2017年。
・総務省統計局『完全失業率が大きく変化した時点における就業状態の異動』労働力調査ミニトピックス，19，2017年。
・総務省統計局『平成の30年，サービス産業はどう変わったのか!?』統計トピックス，117，2019年。
・内閣府『我が国の広義の失業率の動向について』今週の指標，1148，2016年。
・Escudero, Verónica, and Elva López Mourelo, 2017, How to Balance Fiscal Responsibility with Employment Objectives?, ILO What Works Research Brief, 8, 1-4.
・ILO Bureau of Statistics, 2008, Beyond the Unemployment: Measurement of Other Forms of Labour Underutilization, 18th International Conference of Labour Statisticians, Room Document: 13.
・International Labor Office, ILOSTAT, Indicator Descriptions, Unemployment Rate.
・Sengenberger, Werner, 2011, Beyond the Measurement of Unemployment and Underemployment, the Case for Extending and Amending Labour Market Statistics, International Labour Organization.

第2部

ケインズの理論

•••

「長期的にみると，われわれはみな死んでしまう。嵐の最中にあって，経済学者に言えることが，ただ，嵐が遠く過ぎ去れば波はまた静まるであろう，ということだけならば，彼らの仕事は他愛無く無用である」（Keynes, John Maynard著, 中内恒夫訳『貨幣改革論』ケインズ全集第4巻, 東洋経済新報社, 2001年, p.66）

「我々の差し迫った任務は，経済学者が他の科学者と席を並べることを正当化するであろうような新しい標準的システムの練り上げである」（Moggridge, Donald Edward編, 那須正彦訳『社会・政治・文学論集』ケインズ全集第28巻, 東洋経済新報社, 2013年, p.47）

「私の心境を理解して頂くためには，私が，世界の人々の経済問題についての考え方を──恐らく今ただちにではなく，向こう一〇年間のうちに──大きく変革すると思われる経済理論に関する書物を書いていると自ら確信していることを，あなたに知って頂かなければなりません」（Moggridge, Donald Edward編, 那須正彦訳『社会・政治・文学論集』ケインズ全集第28巻, 東洋経済新報社, 2013年, p.61）

─── 第 6 章 ───

モノの経済 ① ：最終消費支出

　第 2 部では，ケインズという経済学者の主著『雇用，利子および貨幣の一般理論』について学びます。24章におよぶ大著のすべてを本書で扱うことはできませんが，とくに重要だと思われる章を中心に説明します[1]。

1 ケインズが生きた時代

　経済学の理論は，理論の提唱者が生きた時代と不可分です[2]。ケインズはどのような時代を生きたのでしょうか。彼は「一八八三年六月五日，ハーヴェイ・ロード六番地，静かなケンブリッジの町中のどっしりした広大なヴィクトリア王朝風の家」[3]で生まれました。ヴィクトリア女王在位60周年を祝うダイヤモンド・ジュビリーが盛大に催された1897年，特待給費生としてイートン校に入学しました[4]。1901年，イートン校の最終学年に数学，歴史，英語論文で首席となり，給費生としてケンブリッジ大学キングス・カレッジに進学しました。カレッジ在学中はおもに数学と哲学を学び，経済学とのかかわりは財政問題に関する学内討論会にかかわる程度でした[5]。

　卒業後インド省へ入省しましたが，1908年に経済学の講師としてケンブリッジ大学に戻りました。1914年に第 1 次大戦がはじまると大蔵省へ出仕し，1919年に代表団の一員としてパリ講和会議に出席しました[6]。戦勝国の英国はドイツから莫大な賠償金を得よう

---

1) The Collected Writings of John Maynard Keynes, Palgrave Macmillanの全30巻にケインズの著作や私信が収録されている。経済の論点はこの全集に尽きている。

2) 永澤訳（1997, p.1, 序文）に「経済状態はたえず変化する。またそれぞれの世代は自らの問題を自らの見方で見ようとする」とある。

3) 塩野谷訳（1967, p.1）から英語を除いて引用。ケインズの父はケンブリッジ大学の経済学教授であった。ケインズの母はケンブリッジ市長を務めた。

4) イートン校とは英国WindsorにあるEton Collegeのことである。Great Britain（1886, p.xvi）によると，当時経済格差（貧困）が広がっていたようである。

5) 塩野谷訳（1967, p.75, p.151）に，Alfred Marshallがケンブリッジ大学に経済学科優等卒業試験を創設したとある。当時の経済学の位置づけについては永澤訳（2000, p.28）を参照。

6) 塩野谷訳（1967, p.266）に，ケインズは「大蔵省の首席代表としてパリへ出かけた，必要がある場合には大蔵大臣の代わりに演説するという権能をもって」とある。

と考えていました。これに対してケインズは，支払能力を超える賠償金をドイツに課せば，ドイツ経済のみならず欧州経済が破綻すると主張しました[7]。ヴェルサイユ条約にケインズの主張は反映されませんでしたが，事態は彼の指摘どおりに進みます。1923年，ドイツはハイパーインフレーションに襲われました。ハイパーインフレーションとは，マネーの価値が事実上0となり，貨幣経済が破綻することです。事態を収拾するため，ドイツは通貨をマルクからレンテンマルクにかえるデノミネーションを実施しました。新旧通貨の交換比率は1兆マルク＝1レンテンマルクでした[8]。

1925年4月，英国は金本位制に復帰しました。ケインズは，金本位制に復帰すると通貨ポンドは高くなり，利子率は上がり，物価は下がって失業者が増えると指摘しました[9]。翌1926年，失業者が増え，ゼネストが起き，経済は混乱しました[10]。一度ならず二度までも経済を悪化させる政策を止められなかったケインズは，自らの考えを多くの人に理解してもらうべく，理論の構築に力を注ぐことになります[11]。

1929年10月，米国の株式市場で株価が暴落し世界恐慌がはじまりました。英国にも影響が及び，失業率は一時25％に達しました[12]。欧州大陸でも失業は社会問題となりました。1933年1月，「4年以内に600万人の雇用を生み出す」[13]との公約を掲げたヒトラーがドイツの政権につきました。『雇用，利子および貨幣の一般理論』が著わされたのはこのような時代です[14]。

7）大蔵省辞職後，ケインズは『平和の経済的帰結』を著し条約の問題を指摘した。戦間期欧州については権上（1999），戸原（2006），玉田（2006），大津留監訳（1994）を参照。

8）武野・山下訳（1989, p.9）に「もしも連合国が賠償要求に固執するのであれば，マルクは下落を続けて最終段階に到達するという可能性の方がずっと大きい。そのとき，単純で最もわかりやすい方向は，マルクを何らかの新しい単位で完全に置き換えることであるように思われる」とある。Davis（1924），D'Abernon（1927），川瀬（2020）も参照。

9）Keynes（1925）を参照。英国は1931年9月に金本位制から離脱した。

10）Keynes（1927, 1928），Review of Economics and Statistics（1927, Vol.9, No.1）を参照。

11）塩野谷訳（1967, pp.410-411）に「彼は経済不況に関する一般に行われている説明に深い不満をいだき，仲間の経済学者たちが問題を徹底的に考え抜いていないと確信し，問題を解明しようという仕事に，はじめはそれがいかに困難なことになるかを知らないで，乗り出した。結局，彼は全世界の経済学者によって有用なものと認められることとなった経済分析のための思考用具を創造」した，とある。Moggridge ed.（2013, pp.337-343）も参照。

12）Beveridge（1936, p.358）のTable I，平井（2003）の補章1を参照。

13）Baerwald（1934, p.617）から和訳して引用。

14）山岡訳（2010, p.260）所収の『繁栄への道』に「早く手を打たなければ，現在，資金の貸し借りに使われている契約と金融商品の仕組みが崩壊していき，それに伴って金融と政府の正統派の指導者が信頼を完全に失い，その最終的な結果がどうなるかはまったく予想できない」とある。『一般理論』の形成過程についてはMoggridge ed.（2013），清水他訳（2016），柿原訳（2019），塩野谷訳（1967, pp.501-540），平井訳（1993），平井（2003），浅野・地主訳（2006）等を参照。時代背景については宮崎訳（1981）所収の『ロシア管見』，那須訳（2013）第1章を参照。執筆の心労がたたり，ケインズは1937年夏に一時危篤に陥った。

1936年に発表された『一般理論』には次の3つのことが明らかにされています[15]。

・GDPの水準はどのように決まるのか

・失業はなぜ生じるのか

・失業をなくすにはどうすればよいか

第2部では，ケインズが明らかにしたこれらのことについて学びます[16]。

2 三面等価の立式

第3章で学んだように，生産，分配，支出の三側面から計測するGDPは理論上等しくなります。支出側から計測するGDPをEとおき，生産側または分配側から計測するGDPをYとおくと，三面等価は次式によって表されます。

$$E = Y$$

図表6－1は支出側から計測するGDPの内訳を表しています。額が最も多いのは最終消費支出であり，つづいて総資本形成，額が最も少ないのは純輸出です。

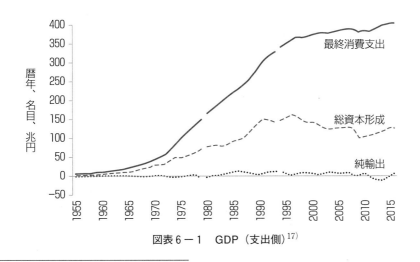

図表6－1　GDP（支出側）[17]

---

[15] 間宮訳（2008, p.xv）に「本書は，何よりもまず，全体としての産出量と雇用の規模を決定する諸力に関する研究となっている」とある。

[16] 『一般理論』の解釈については，富田・中島訳（1994），岡本訳（1997），Romer（2000），Fontana（2004），宮崎・伊東（2018）等を参照。本書ではケインズ全集に現代の知見を加えて論述する。

[17] 内閣府経済社会総合研究所，国民経済計算からデータを取得し作成。1955年から1979年は平成2年基準68SNA，1980年から1993年は平成12年基準93SNA，1994年以降は平成23年基準08SNAの値である。名目値を用いることについて，間宮訳（2008, p.57）に「雇用理論を論じるさいには，たった二つの基本的な数量単位，すなわち貨幣価値量と雇用量だけを利用するよう，提案したい」とある。

　額が少ない純輸出を考慮外とし，最終消費支出をC，総資本形成をFとおくと，三面等価は次の2式によって表されます。

$$E = Y$$
$$E = C + F$$

　これらの式から，「GDPの水準はどのように決まるのか」という問いは「最終消費支出と総資本形成の水準はどのように決まるのか」という問いに置き換えられることに気づきます。最終消費支出の水準の決まりかたについては本章で，総資本形成の水準の決まりかたについては次章で学びます。

③ 最終消費支出

　ケインズは，客観的要因，主観的要因，GDPの水準によって最終消費支出の水準が決まると考えました。客観的要因とは制度や政策のことです。たとえば，消費税率が10％であるとき，「1万円のバッグを買うと千円も税金を取られるのか」と思い，私たちは買い控えるかもしれません。このように，税という制度は私たちの消費のしかたに影響します。主観的要因とは慣習や社会の空気のことです。たとえば，1960年代の高度成長期や1980年代おわりのバブル期のように社会が「消費は善きもの」という空気に包まれているとき，私たちは積極的に買い物をします。このように，社会の空気は私たちの消費のしかたに影響します[18]。

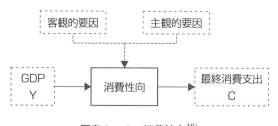

図表6－2　消費性向[19]

18）間宮訳（2008, p.127）に「社会が消費に支出する額は，明らかに，（一）一部はその所得額に，（二）一部は他の客観的な付帯状況に，そして（三）一部は社会を構成している諸個人の主観的な必要，心理的性向，習慣，および所得が彼らのあいだに分割される諸原理」による。「支出の動機は相互に絡み合っており，それらを敢えて分類しようとすれば，誤った分割をしてしまうおそれがある。それにもかかわらず，これら諸々の動機をわれわれのいわゆる主観的要因と客観的要因との二つの項目に大別し，それぞれの項目ごとに考察を行うならば，頭をすっきりさせることができる」とある。間宮訳（2008）は6の客観的要因，12の主観的要因を挙げている。

19）間宮訳（2008, p.134）に「消費支出は主として生産量と雇用量に依存するから，他の諸要因はこれを一括して「消費性向」という合成関数にたたみ込むことができる」とある。

　図表6－2を式にしたものを消費関数といいます。次式のaとbは消費性向を表します[20]。bは当期の所得（Y）から支出される消費額を捉えます。aは当期の所得に直接関係しない，借入れたり預金を取り崩したりして支出される消費額を捉えます。

$$C = a + bY$$

　この消費関数のもとでは，最終消費支出の増減はGDPの増減のb倍になります。では，bはどのような値をとるのでしょうか。図表6－3は，GDPが増える年に最終消費支出は増え，GDPが減る年に最終消費支出は減る傾向を示しています。加えて，縦軸と横軸の目盛りをよくみると，GDPが10兆円ほど増える年に最終消費支出は5兆円ほど増え，GDPが20兆円ほど増える年に最終消費支出は10兆円ほど増えています。最終消費支出の増減はGDPの増減の0.5倍ほどです。bの値はおおよそ0.5だと考えられます。

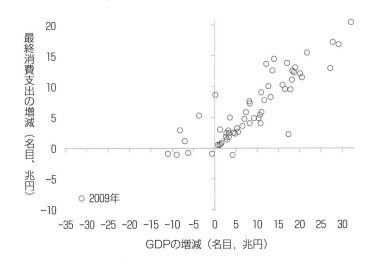

図表6－3　GDPと最終消費支出の増減[21]

20）間宮訳（2008, p.134）に「消費性向がかなり安定した関数で，そのため総消費額は一般には主として総所得額に依存し（いずれも賃金単位で測られる），性向それ自体の変化の影響は副次的だと見なしていいとしたら，そのときこの関数の正常な形状はいったいどのようなものになるであろうか」とある。消費性向は，2011年の東日本大震災や2020年のコロナ禍のような非常事態が生じないかぎり，突然変わることはないと考えられている。

21）内閣府経済社会総合研究所，国民経済計算からデータを取得し作成。間宮訳（2008, pp.134-135）に「人間は所得が増えるとおしなべて消費を増やす傾向をもつが，それは所得の増加ほどではない」とある。限界消費性向については間宮訳（2008）の第10章を参照。部分の変化は全体の変化に織り込まれるので，両者の「相関」という概念は解釈しづらい。この散布図は，最終消費支出は経済の「根雪」であり，経済変動をもたらすのは総資本形成であることを表す図と解釈すべきである。統計分析に対するケインズの見方については清水他訳（2016, pp.344-386）を参照。

4 Keynesian Cross

消費関数 $C=a+bY$ を三面等価の式 $E=C+F$ に代入すると，次の２式が得られます。

$$E = Y$$

$$E = a + bY + F$$

Keynesian Crossはこれらの式を満たすYを導くグラフです。図表６−４の左図は上段の式 $E=Y$ を表しています。このグラフが $E=Y$ を表すことを右図で説明します。横軸と線にそって直角二等辺三角形をおきます。さらに，図のように三角形の頂点から縦軸に向かって垂線を引くと，横の長さ①，縦の長さ②の正方形があらわれます。①はYの大きさを，②はEの大きさを表しますので，45°線上の点は$E=Y$を表します。

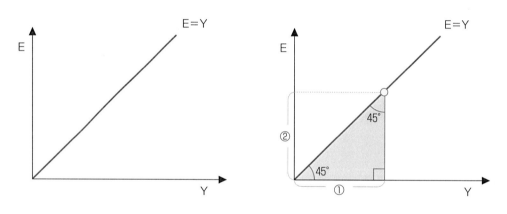

図表６−４　E＝Yのグラフ

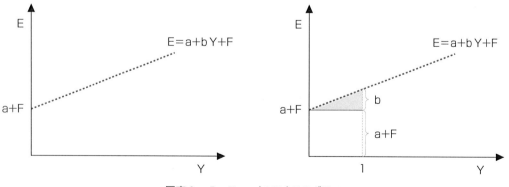

図表６−５　E＝a＋bY＋Fのグラフ

　図表6-5の左図は下段の式 $E=a+bY+F$ を表しています。グラフの切片は Y の値が0であるときの E の値です。Y が0のとき E の値は $a+F$ です。よって切片は $a+F$ です。点線の傾きについては右図で説明します。Y が1のとき E の値は $a+b+F$ です。すると，点線は（0, $a+F$）と（1, $a+b+F$）の2点を通ることになります。図のように，点線の傾きは b によって表されます。

　図表6-6の左図は $E=Y$ を表す線と $E=a+bY+F$ を表す点線を重ね合わせたグラフです。三面等価が成立するGDPの水準は，線と点線の交点から導かれます。右図は総資本形成の水準と三面等価が成立するGDPの水準の関係を表すグラフです。総資本形成が高い水準 F^{**} であるときGDPは高い水準 Y^{**} になります。総資本形成が低い水準 F^{*} であるときGDPは低い水準 Y^{*} になります。消費性向を表す a と b の値が一定であるとき，GDPの水準は総資本形成の水準によって決まります。では，総資本形成の水準はどのように決まるのでしょうか。この点については次章で学びます。

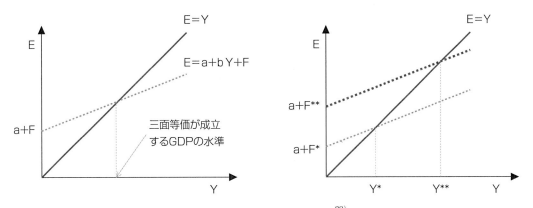

図表6-6　Keynesian Cross[22]

---

22) Davidson（1967, p.568）のFig.2とFig.3をもとに作成。三面等価が成立するGDPは45度線上にあり，E は実際に三面等価が成立するGDPを特定する補助線であることから，45度線を実線で，E を点線で示した。本書の第2章補論でみたように，マネーは信用をもとに創造されるので，「貯蓄不足で乗数過程が途中で止まる」心配はない。本書の第8章補論2でみるように，公共投資についても同様である。GDP拡大の制約は既存の資金量ではなく，信用の状態である。乗数についてはKahn（1931），間宮訳（2008）の第10章等を参照。財政赤字の効用については間宮訳（2008, p.178）の脚注1を参照。
　　潜在GDPの推計は難しい。「超過供給」「デフレギャップ」「計画支出」「意図せざる在庫」等の概念も解釈が難しい。解釈が難しい語の使用は控えるべきである。柿原訳（2019, pp.143-154）を参照。

参考文献

【和書】

・川瀬泰史『シャハト ―ナチスドイツのテクノクラートの経済政策とその構想―』三恵社，2020年。

・権上康男『フランス資本主義と中央銀行』東京大学出版会，1999年。

・玉田美治『フランス資本主義 戦間期の研究』桜井書店，2006年。

・戸原四郎『ドイツ資本主義 戦間期の研究』桜井書店，2006年。

・平井俊顕『ケインズの理論 ―複合的視座からの研究』東京大学出版会，2003年。

・宮崎義一・伊東光晴『コンメンタール ケインズ／一般理論』日本評論社，2018年。

【訳書】

・Dillard, Dudley著，岡本好弘訳『J.M.ケインズの経済学 ―貨幣経済の理論―』東洋経済新報社，1997年。

・Harrod, Roy Forbes著，塩野谷九十九訳『ケインズ伝』上巻，東洋経済新報社，1967年。

・Harrod, Roy Forbes著，塩野谷九十九訳『ケインズ伝』下巻，東洋経済新報社，1967年。

・Johnson, Elizabeth編，武野秀樹・山下正毅訳『賠償問題の終結 ―1922〜32年の諸活動―』ケインズ全集第18巻，東洋経済新報社，1989年。

・Kahn, Richard著，浅野栄一・地主亜美訳『ケインズ『一般理論』の形成』岩波モダンクラシックス，2006年。

・Keynes, John Maynard著，間宮陽介訳『雇用，利子および貨幣の一般理論』上巻，岩波書店，2008年。

・Keynes, John Maynard著，宮崎義一訳『ケインズ説得論集』ケインズ全集第9巻，東洋経済新報社，1981年。

・Keynes, John Maynard著，山岡洋一訳『ケインズ説得論集』日本経済新聞出版社，2010年。

・Marshall, Alfred著，永澤越郎訳『経済学原理』第1分冊，岩波ブックサービスセンター，1997年。

・Marshall, Alfred著，永澤越郎訳『経済論文集』岩波ブックサービスセンター，2000年。

・Moggridge, Donald Edward編，那須正彦訳『社会・政治・文学論集』ケインズ全集第28巻，東洋経済新報社，2013年。

・Moggridge, Donald Edward編，清水啓典・柿原和夫・細谷圭訳『一般理論とその後 第II部 弁護と発展』ケインズ全集第14巻，東洋経済新報社，2016年。

・Moggridge, Donald Edward編，柿原和夫訳『一般理論とその後 第13巻および第14巻への補遺』ケインズ全集第29巻，東洋経済新報社，2019年。

・Rothschild, Joseph著，大津留厚監訳『大戦間期の東欧 ―民族国家の幻影―』刀水書房，1994年。

・Rymes, Thomas Kenneth著，平井俊顕訳『ケインズの講義 1932-1935年 ―代表的学生のノート』東洋経済新報社，1993年。

・Young, Warren著，富田洋三・中島守善訳『IS-LMの謎 ―ケインズ経済学の解明―』多賀出版，1994年。

【洋書】

・Baerwald, Friedrich, 1934, How Germany Reduced Unemployment, American Economic Review, 24, 4, 617-630.

・Beveridge, William, 1936, An Analysis of Unemployment, Economica, 3, 12, 357-386.

・D'Abernon, Viscount, 1927, German Currency: Its Collapse and Recovery, 1920-26, Journal of Royal Statistical Society, 90, 1, 1-40.

・Davidson, Paul, 1967, A Keynesian View of Patinkin's Theory of Employment, Economic Journal, 77, 307, 559-578.

・Davis, Joseph Stancliffe, 1924, Economic and Financial Progress in Europe, 1923-1924, Review of Economics and Statistics, 6, 3, 205-242.

・Fontana, Giuseppe, 2004, Rethinking Endogenous Money: A Constructive Interpretation of the Debate between Horizontalists and Structuralists, Macroeconomica, 55, 4, 367-385.

・Great Britain, 1886, Final Report of the Royal Commission Appointed to Inquire into the Depression of Trade and Industry, With Minutes of Evidence and Appendices.

・Kahn, Richard Ferdinand, 1931, The Relation of Home Investment to Unemployment, Economic Journal, 41, 162, 173-198.

・Keynes, John Maynard, 1925, The Committee on the Currency, Economic Journal, 35, 138, 299-304.

・Keynes, John Maynard, 1927, The British Balance of Trade, 1925-1927, Economic Journal, 37, 148, 551-565.

・Keynes, John Maynard, 1928, Note on the British Balance of Trade, Economic Journal, 38, 149, 146-147.

・Moggridge, Donald Edward, ed., 2013, The General Theory and After: Part I Preparation, in The Collected Writings of John Maynard Keynes, Vol. XIII, Cambridge University Press.

・Romer, David, 2000, Keynesian Macroeconomics without the LM Curve, Journal of Economic Perspectives, 14, 2, 149-169.

📖 Further Reading

・小峯敦『1910年前後における経済学トライポスの改訂：マーシャルの設計とケインズ等の実施』龍谷大学経済学部 Discussion Paper Series, 12-01, Version 1.7, 2012年。

・橋本昭一『経済学トライポスの創設とマーシャル』關西大學経済論集, 39, 3, 463-486, 1989年。

・Carr, Edward Hallet 著, 原彬久訳『危機の二十年 ―理想と現実―』岩波書店, 2010年。

・Johnson, Elizabeth 編, 三木谷良一・山上宏人訳『インドとケンブリッジ ―1906〜14年の諸活動―』ケインズ全集第15巻, 東洋経済新報社, 2010年。

・Johnson, Elizabeth 編, 春井久志訳『条約改正と再興 ―1920〜22年の諸活動―』ケインズ全集第17巻, 東洋経済新報社, 2014年。

・Keynes, John Maynard 著, 千田純一訳『条約の改正』ケインズ全集第3巻, 東洋経済新報社, 1977年。

・Keynes, John Maynard 著, 早坂忠訳『平和の経済的帰結』ケインズ全集第2巻, 東洋経済新報社, 2002年。

・Moggridge, Donald Edward 編, 舘野敏・北原徹・黒木龍三・小谷野俊夫訳『世界恐慌と英米における諸政策 ―1931〜39年の諸活動―』ケインズ全集第21巻, 東洋経済新報社, 2015年。

・Moggridge, Donald Edward 編, 西村閑也訳『金本位制復帰と産業政策 ―1922〜29年の諸活動―』ケインズ全集第19巻, 東洋経済新報社, 1998年。

・Keynes, John Maynard, 1938, Mr. Keynes's Consumption Function: Reply, Quarterly Journal of Economics, 52, 4, 708-709.

・Keynes, John Maynard, 1939, Mr. Keynes on the Distribution on Incomes and "Propensity to Consume": A Reply, Review of Economics and Statistics, 21, 3, 129.

・Moggridge, Donald Edward, ed., 2010, Keynes on the Wireless, Palgrave Macmillan.

・Schumpeter, Joseph Alois, 1946, John Maynard Keynes 1883-1946, American Economic Review, 36, 4, 495-518.

─── 第7章 ───

モノの経済 ② : 総資本形成

　図表7-1の左図は最終消費支出と総資本形成を表しています[1]。1990年からのようすをみると，最終消費支出は増えていますが，総資本形成は増減を繰り返しながら減った後，2010年代にやや持ち直しています。総資本形成の水準は，最終消費支出の水準とは異なる理由で決まるようです[2]。本章では総資本形成の水準の決まりかたについて学びます。

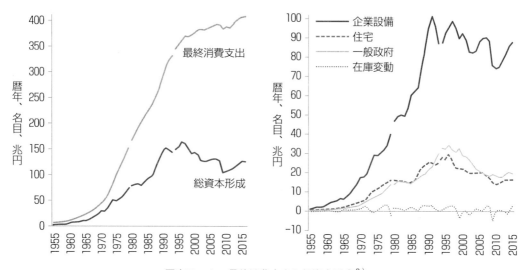

図表7-1　最終消費支出と総資本形成[3]

1）　総資本形成はクズネッツによる語である（Kuznets, 1934）。多くのテキストで総資本形成を「投資」と表記しているが，証券投資と誤解されやすい。ロバートソンはケインズに宛てた書簡の中で「主として貴方が「投資」の語を今では常識になっている［用法で］使っていたためでした。それは当時の私には新しくて，私は証券購入という古風な意味で使っていたのです」（柿原訳, 2019, p.197）と書いている。誤解が生じないように，国民経済計算の正式名称である総資本形成を用いることを勧めたい。

2）　間宮訳（2008, p.126）に，GDPは「消費支出額と投資に振り向けられる額との合計額である。これら二つの量を決める要因は多くの場合，別物である」とある。

3）　内閣府経済社会総合研究所，国民経済計算からデータを取得し作成。住宅，企業設備，在庫変動は民間部門と公的部門の和である。総資本形成の詳細はKeynes（1939）を参照。

① 企業設備

　図表 7 － 1 の右図は総資本形成を構成する住宅，企業設備，一般政府，在庫変動を表しています。構成要素のうち額が最も多いのは企業設備です。企業設備の水準は資本の限界効率表とハードルレートの水準から導かれます。

　まず資本の限界効率表からみましょう。資本とは，企業が事業を営むために保有する設備です。資本の限界効率とは，設備を新たに導入して得られる利益率です[4]。資本の限界効率は，資本が増えるにしたがい下がります。

　図表 7 － 2 はそのメカニズムを表しています。太陽光パネルの生産設備を例に説明します。生産設備が増えると，生産される太陽光パネルの枚数は増えます。すると，販売競争が激しくなり価格は下がります。シリコンをはじめとする原材料の価格は上がります。生産技術を熟知した従業員をつなぎ止めるための給料は上がります。工作機械や検査機器が品薄になり，生産設備の導入費用は上がります。販売価格に低下圧力がかかり，費用に上昇圧力がかかるので，資本の限界効率は下がります。

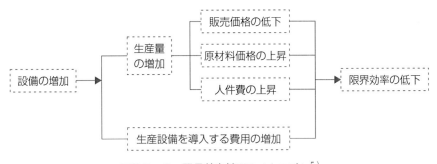

図表 7 － 2　限界効率低下のメカニズム[5]

　設備の購入額と資本の限界効率との関係が図表 7 － 3 のように推定されたとしましょう。日本国全体で太陽光パネルの生産設備が1,000億円分購入されるとき，資本の限界効率は10％です。設備の購入額が増えるにしたがい，資本の限界効率は下がります。設備の購入額と資本の限界効率との関係を示すこの表を資本の限界効率表といいます。

---

4 ）詳細は本章の補論を参照。経済学と会計学では資本の意味が異なることに留意する。
5 ）間宮訳（2008, p.186）に「資本に対する投資が増加すると，それにつれてその資本の限界効率は低下する。それは，一部は，その型の資本の供給が増えるにつれて，期待収益が低下するからであり，また一部は，その型の資本を生産するための装備が窮屈になり，そのためふつうは供給価格が上昇するからである。これらの要因のうち，第二のものは通常，短期の均衡を実現するうえではいっそう重要である。しかし考えている期間が長くなればなるほど，第一の要因がそれに代わって重要となる」とある。資本ストックの水準が資本の限界効率に与える影響については第13章第 1 節「豊富の中の貧困」を参照。

企業設備の購入額	1,000億円	2,000億円	3,000億円	4,000億円
資本の限界効率	10%	7％	5％	2％

図表7−3　資本の限界効率表[6]

　ハードルレートとは，資金を提供する投資家や金融機関が企業に要求する利回りや金利のことです。企業設備は，資本の限界効率がハードルレートと等しくなるまで購入されます。資本の限界効率表が図表7−3で与えられるとき，資金の提供者が7％の利回りを要求すれば，設備は限界効率が7％になる2,000億円まで購入されます。資金の提供者が2％の利回りを要求すれば，設備は限界効率が2％になる4,000億円まで購入されます。

　ほかの設備についても，資本の限界効率表とハードルレートをもとに購入額が決まります。企業設備の水準はそれらすべてを合わせた額です。

図表7−4　企業設備

　企業設備とハードルレートの関係をみるとき，何をハードルレートとみなすのかが問題となります。学者や実務家がいくつかの案を示していますが，ここでは東証一部上場会社の単純平均利回りを株式投資家が設定するハードルレートとみなし，貸出約定平均金利を金融機関が設定するハードルレートとみなします[7]。

　図表7−5の左図は企業設備と株式投資家が設定するハードルレートの関係を表しています。利回りが高い年に企業設備の水準は低く，利回りが低い年に企業設備の水準は高い傾向にあります。右図は企業設備と金融機関が設定するハードルレートの関係を表しています。1955年から1993年までをみると，1974年，1980年，1990年など傾向からはずれた年があるものの，貸出金利が高い年に企業設備の水準は低く，貸出金利が低い年に企業設備の水準は高い傾向にあります。1994年以降，とりわけ円で囲った年について，貸出金利と企業設備のあいだに理論が想定する関係はみられません。

6）間宮訳（2008, p.187）に「各々の型の資本について，その限界効率が任意に選んだ数値にまで低下するには期間内にそれに対する投資がどれほど増加しなければならないかを示す一つの表を作成することができる」とある。表中の数値は仮設例である。

7）資本コスト（Modigliani and Miller, 1958；Sharpe, 1964）をハードルレートとすべきだが，推定が難しい。渡辺・吉野（2008, p.35）は，『『法人企業統計』の「支払利息・割引料」を負債性調達の期首・期末平均残高で割った値」と「「配当額」（「中間配当」と「配当金」の合計）を自己資本の期首・期末平均残高で割った値」を代理変数として用いている。ここでは，検証しやすい加工前のデータをハードルレートとした。

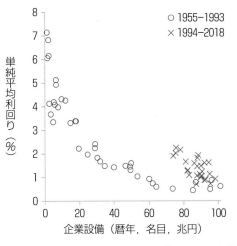
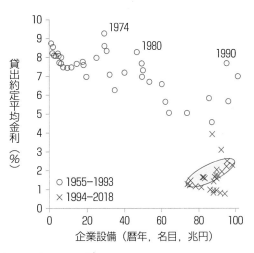

図表7－5　企業設備とハードルレート [8]

　次ページの図表7－6は企業の資金調達額を表しています。左図は1955年から1993年までのようすを表しています。企業が株式を発行して得た資金の量は1980年代おわりまで増え，1989年には14兆円に達しました。1990年代に入ると一転して減り，1993年に6兆円となりました。借入れで得た資金の量も1980年代おわりまで増え，1989年には47兆円に達しました。1970年代と1980年代前半に横ばいの時期がありますが，これらは図表7－5の右図にみられる貸出金利が高い時期と重なります。右図は1994年以降のようすを表しています。企業が株式を発行して得た資金の量は，リーマンショックが起きた2008年と東日本大震災が発災した2011年を除いて，おおよそ0から10兆円のあいだを推移しました。借入れで得た資金の量は1990年代後半から2000年代半ばまでマイナスの領域にありました。リーマンショックの後にも大幅なマイナスとなりました。1994年以降，貸出金利と企業設備に理論が想定する関係がみられないのは，企業が借入れに頼らなくなったためです。

8）総務省統計局，日本の長期統計系列，東京証券取引所，統計月報，内閣府経済社会総合研究所，国民経済計算，日本銀行，金融経済統計月報，日本銀行百年史編纂委員会編，日本銀行百年史，資料編からデータを取得し作成。縦軸はイールド変換前の表示利回り，表示利子率であることに留意する。イールドについてはGürkaynak, Sack and Wright（2007）等を参照。長澤訳（2001, p.205）に大恐慌前の米国において設備投資が多かったのは「普通株の価格がその配当率に比べて非常に高」く，「株式会社組織の企業に対して，極端に低廉な資金調達の方法を提供したという事実に帰せられる」。「非常に高い短期の貨幣市場利率の出現にもかかわらず，ある型の投資については，緩和された条件が維持されていた」とある。間宮訳（2008, pp.207-208）も参照。一方，間宮訳（2009, p.99）に「投機熱をも打ち負かすくらい利子率が高かったとしたら，この利子率は同時にあらゆる種類の分別ある新規投資を阻止したであろう。要するに，度を超した新規投資ラッシュが長期間続いたために起こる事態を利子率を引き上げることによって救済しようとする策は，病気を治して患者を殺す類の救済策にほかならない」とある。銀行の貸出金利より証券市場の利回りが理論の想定に近いのは興味深い。

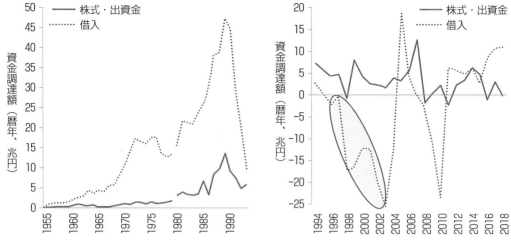

図表7－6　非金融法人企業の資金調達[9]

2 総資本形成

　企業設備とハードルレートのあいだにみられる関係は，総資本形成とハードルレートの
あいだにもみいだせます。総資本形成とハードルレートの関係を表す図表7－7は，企業
設備とハードルレートの関係を表す図表7－5とおおよそおなじ形をしています。第2部
では，総資本形成の水準も資本の限界効率表とハードルレートから決まると考えます。

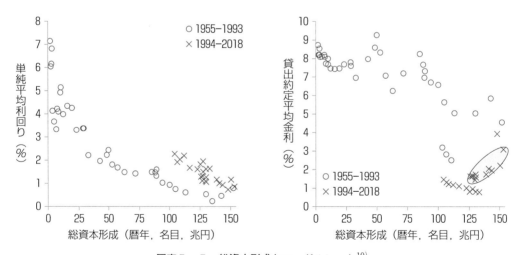

図表7－7　総資本形成とハードルレート[10]

9）内閣府経済社会総合研究所，国民経済計算からデータを取得し作成。非金融法人企業は民間非
　　金融法人企業，企業特別会計，独立行政法人，地方公営企業，地方公社，特殊会社等を含む。

10）総務省統計局，日本の長期統計系列，東京証券取引所，統計月報，内閣府経済社会総合研究所，
　　国民経済計算，日本銀行，金融経済統計月報，日本銀行百年史編纂委員会編,日本銀行百年史，

　図表7−8は，これまでの分析をふまえて，ハードルレートと総資本形成の関係をグラフにしたものです。ハードルレートが R^* であるとき，資本は限界効率が R^* になる F^* まで購入されます。ハードルレートが R^{**} であるとき，資本は限界効率が R^{**} になる F^{**} まで購入されます。

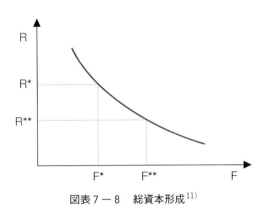

図表7−8　総資本形成[11]

❸ IS曲線

　ハードルレートと総資本形成の関係を表す式 $F = F(R)$ を加えると，三面等価は次の3式によって表されます[12]。

$$E = Y$$
$$E = a + bY + F$$
$$F = F(R)$$

　IS曲線はこれらの式を満たすGDPとハードルレートの関係を表す曲線です。上段と中段の式は前章の図表6−6によって表され，下段の式は本章の図表7−8によって表されます。すると，IS曲線はこれら2枚のグラフから導かれるGDPとハードルレートの関係を表す曲線だということになります。

　資料編からデータを取得し作成。総資本形成の構成要素のうち住宅と一般政府については第13章を参照。在庫変動については本書の範囲を超えるため説明を割愛する。金利自由化については，財務省総合政策研究所，財政金融統計月報の1990年代の金融特集，日本銀行調査統計局（1991）を参照。

11）間宮訳（2008, p.187）に「当期の実際の投資率が，限界効率が現行利子率を上回るいかなる種類の資本資産ももはや存在しなくなるところまで推し進められる」とある。

12）説明変数に資本ストックや人口動態を加えたいが，本文では保守的に記述した。本書では近年の研究と現実の経済を考慮に入れたIS-LMモデルを説明する。標準的なテキストや各種試験の教本にみられるIS-LMモデルの説明と異なる点があることに留意する。

　図表7－9は2枚のグラフから導かれるGDPとハードルレートの関係を表しています。ハードルレートが与えられると，総資本形成の水準は決まります（右上のグラフの①と②）。総資本形成の水準は，左下のグラフに描かれた点線の切片を決めます（左下のグラフの③）。点線の切片が決まると点線と線の交点が定まり，GDPの水準は決まります（左下のグラフの④）。左上の領域におかれた点は，右上のグラフと左下のグラフから導かれるGDPとハードルレートの関係を表します。

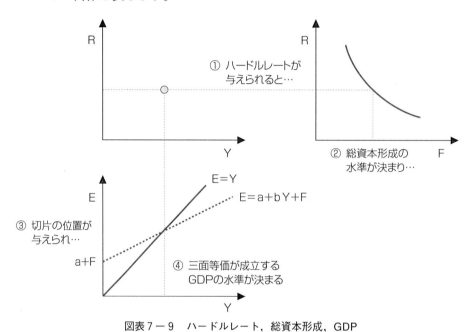

図表7－9　ハードルレート，総資本形成，GDP

　ハードルレートが下がると，GDPの水準にどのような変化が生じるのでしょうか。図表7－10はそれを説明するためのものです。資本の限界効率表に変化がなければ，ハードルレートが下がると総資本形成は増えます（右上のグラフの①）。消費性向に変化がなければ，総資本形成が増えると点線の切片は上へ移動します（左下のグラフの②）。すると，点線と線の新たな交点から導かれるGDPの水準は，ハードルレートが下がる前と比べて高くなります（左下のグラフの③）。左上の領域におかれた2点は，ハードルレートが下がるとGDPが増えることを表します。

　図表7－10の左上の領域におかれた2点を通る曲線は，図表7－11のように右下がりになります。これがIS曲線です。IS曲線は，ハードルレートがGDPの水準を決めることを私たちに教えてくれます。では，ハードルレートはどのように決まるのでしょうか[13]。この点については次章で学びます。

13）間宮訳（2008，p.229）に「われわれの理論を完結させるためには，利子率の決定因を知る必要がある」とある。

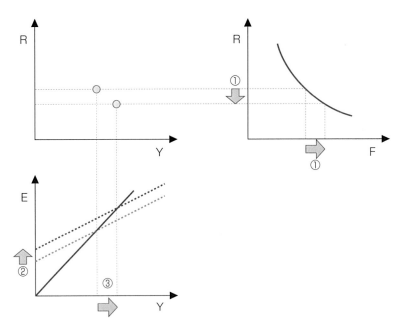

図表 7－10　ハードルレート低下の影響

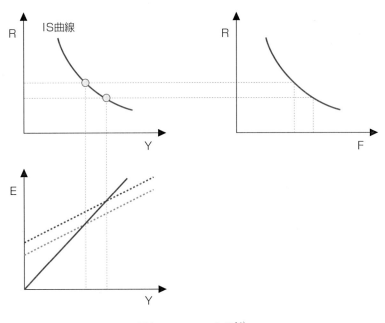

図表 7－11　IS曲線[14]

---

14) IS曲線は，多くの人が想像しえない深みを持つケインズの思索のうち，表層のごく一部を模式化したものに過ぎない。『一般理論』の第 4 篇を精読しない限り，総資本形成に対するケインズの考えを垣間見ることすらできない。

補　論　資本の限界効率

　資本の限界効率とは，資本が生み出す利益の評価総額と資本の導入費用を等しくする利回りのことです。限界効率を算出する手順について図表 7 － 12 を例に説明します。ある企業が 15 億円の設備を導入して事業を営むと，10 年のあいだ毎年 2 億円の利益が得られると予想されています。設備を導入する時点と利益が発生する時点は異なります。そこで，設備の導入費用と利益を比べられるように，利益を設備導入時点の評価額になおします。

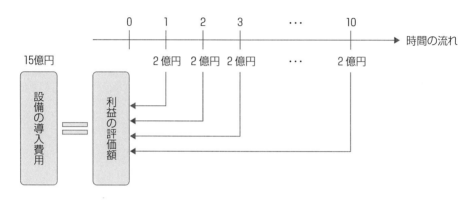

図表 7 － 12　利益の評価額と設備の導入費用[15]

　1 年後に得られる利益の，設備導入時点における評価額は次式から得られます。

$$\text{評価額}_{1\text{年後の利益}} = \frac{2\text{億円}}{(1+k)^1}$$

　右辺の分子には 1 年後に得られる利益 2 億円が表示されています。分母にある累乗 1 は設備を導入する時点まで時間を 1 年戻すことを表します。分母にある k は資本の限界効率です。2 年後に得られる利益，3 年後に得られる利益，10 年後に得られる利益の，設備導入時点における評価額は次のように表されます。

$$\text{評価額}_{2\text{年後の利益}} = \frac{2\text{億円}}{(1+k)^2}, \quad \text{評価額}_{3\text{年後の利益}} = \frac{2\text{億円}}{(1+k)^3}, \quad \text{評価額}_{10\text{年後の利益}} = \frac{2\text{億円}}{(1+k)^{10}}$$

15）間宮訳（2008, pp.185-186）に「耐用期間を通じてその資本資産から得られると期待される収穫によって与えられる，年収益系列の〔割引〕現在価値を，その資産の供給価格にちょうど等しくするところの割引率が，私の定義する資本の限界効率である」とある。

設備導入時点における利益の評価総額はこれらの合計です。すなわち

$$\text{利益の評価総額} = \frac{2億円}{(1+k)^1} + \frac{2億円}{(1+k)^2} + \frac{2億円}{(1+k)^3} + \cdots + \frac{2億円}{(1+k)^{10}}$$

資本の限界効率は，利益の評価総額と設備の導入費用が等しくなるように決まります。次式の右辺は利益の評価総額を，左辺は設備の導入費用を表します。下式を満たすkの値が資本の限界効率です。資本の限界効率はおおよそ5.6％です[16]。

$$15億円 = \frac{2億円}{(1+k)^1} + \frac{2億円}{(1+k)^2} + \frac{2億円}{(1+k)^3} + \cdots + \frac{2億円}{(1+k)^{10}}$$

資本の限界効率は利益が減るか設備の導入費用が増えるかすると下がります。たとえば，各年に得られる利益が2億円から1億8,000万円に減ると限界効率は3.5％に下がります。設備の導入費用が15億円から17億円に増えると限界効率は3.1％に下がります。本文の図表7−2に示したように，設備が増えると利益に低下圧力がかかり，導入費用に上昇圧力がかかりますので，限界効率は低下します[17]。

---

16) この式の分子にある未来の利益は，企業家の期待にもとづく。間宮訳（2008, p.204）に「投資率に影響を及ぼす二つの要因，すなわち資本の限界効率表と確信の状態とは，個々別々のものではない。確信の状態は投資の需要表そのものである資本の限界効率表を決定する主要因の一つであるからこそ，〔経済問題と〕かかわりをもって来るのである」とある。ただし，市場の評価が「一意に正しいといっても，われわれの現在もっている知識が数学的期待値を計算するための十分な基礎とはなりえない」（間宮訳, 2008, p.210）。「十分な投資を確保するという現代の問題の少なからぬ部分が，慣習のもつ不安定性のゆえに生じているのである」（間宮訳, 2008, p.211）とある。間宮訳（2008, pp.224-226）も参照。設備投資に影響を与える長期期待については間宮訳（2008）の第12章を，既存設備の稼働率に影響を与える短期期待については間宮訳（2008）の第5章を参照。

17) 現代の私たちは，資本の限界効率を内部収益率の予想値に，ハードルレートを要求利回りに読み替えると理解しやすい。

　小泉・長澤訳（2001, p.128）に「企業者は一般に生産要素と長期にわたる契約を結んでおり，とくに固定資本についてそうであるという事実は，実際，非常に重要なことである。なぜならば，それは──生産の休止と再開始との費用をも考慮し，したがって事業の成績はしばしば一期間を通じての平均として考えられなければならないが──そもそも損失というものがいかにして存在しうるのか，すなわち企業者が，損失を蒙りながらなおかつ生産を継続するのはなぜであるかを説明するものだからである。またこれとまったく同様に，特化した生産要素の供給が，増加できるようになるまでに経過せざるをえない期間と，企業者がこの供給の増加を引き出すために結ばざるをえない長期の契約（一部は，これらの特化した要素の存続期間の長さによって左右される）とが，そもそもある期間にわたって何故に利潤というものが存在しうるかを説明する」とある。類似の概念にDixit and Pindyck（1994）によるReal Optionがあるが，企業行動は状態変数に影響を与えないという強い仮定が置かれることが多い。

参考文献

【和書】

・日本銀行調査統計局『近年における貸出金利の変動について ―金利自由化の下での銀行行動の一側面―』日本銀行月報，1991年9月。

・渡辺善次・吉野直行『企業の資金調達の変化』フィナンシャル・レビュー，88, 19-38, 2008年。

【訳書】

・Keynes, John Maynard著，小泉明・長澤惟恭訳『貨幣論I 貨幣の純粋理論』ケインズ全集第5巻，東洋経済新報社，2001年。

・Keynes, John Maynard著，長澤惟恭訳『貨幣論II 貨幣の応用理論』ケインズ全集第6巻，東洋経済新報社，2001年。

・Keynes, John Maynard著，間宮陽介訳『雇用，利子および貨幣の一般理論』上巻，岩波書店，2008年。

・Keynes, John Maynard著，間宮陽介訳『雇用，利子および貨幣の一般理論』下巻，岩波書店，2009年。

・Moggridge, Donald Edward編，柿原和夫訳『一般理論とその後 第13巻および第14巻への補遺』ケインズ全集第29巻，東洋経済新報社，2019年。

【洋書】

・Dixit, Avinash Kamalakar, and Robert S. Pindyck, 1994, Investment under Uncertainty, Princeton University Press.

・Gürkaynak, Refet S., Brian Sack and Jonathan H. Wright, 2007, The U.S. Treasury Yield Curve: 1961 to the Present, Journal of Monetary Economics, 54, 8, 2291-2304.

・Keynes, John Maynard, 1939, Official Papers, Economic Journal, 49, 195, 558-577.

・Kuznets, Simon Smith, 1934, Gross Capital Formation 1919-1933, Bulletin 52, National Bureau of Economic Research.

・Modigliani, Franco, and Merton Howard Miller, 1958, The Cost of Capital, Corporation Finance and the Theory of Investment, American Economic Review, 48, 3, 261-297.

・Sharpe, William Forsyth, 1964, Capital Asset Prices: A Theory of Market Equilibrium under Condition of Risk, Journal of Finance, 19, 3, 425-442.

Further Reading

・Ellsworth, Paul Theodore, 1936, Mr. Keynes on the Rate of Interest and the Marginal Efficiency of Capital, Journal of Political Economy, 44, 6, 767-790.

・Jordà, Òscar, Katharina Knoll, Dmitry Kuvshinov, Moritz Schularick, and Alan M. Taylor, 2019, The Rate of Return on Everything, 1870-2015, Quarterly Journal of Economics, 134, 3, 1225-1298.

・Tanaka, Mari, Nicholas Bloom, Maiko Koga, and Haruko Kato, 2018, Firm Performance and Macro Forecast Accuracy, Bank of Japan Working Paper Series, 18-E-9.

—————— 第 8 章 ——————

マネーの経済

　ここまでで，GDPの水準は総資本形成の水準から導かれ，総資本形成の水準はハードルレートから導かれることを学びました。本章ではハードルレートの決まりかたについて学びます。

❶ ハードルレート

図表8−1が示すように，ハードルレートは純粋利子率とプレミアムからなります。

図表8−1　ハードルレート

　純粋利子率はコールレートをもとに決まります。コールレートは銀行どうしの短期の貸借につく金利です。図表8−2のように，銀行Bが銀行Aから日銀当座預金を借りるとしましょう。このとき，銀行Bは銀行Aに利息を払うことを約束します。利息とは銀行Aが日銀当座預金を一時的に手放す見返りです。利息はコールレートの水準によって決まります。コールレートが高いとき利息は多く，コールレートが低いとき利息は少なくなります。

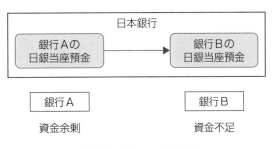

図表8−2　コール市場

　コールレートの水準は日銀当座預金の手放しにくさによって決まります。日銀当座預金の手放しにくさは様々な要因に影響を受けますが，ここでは貸出しに注目します。銀行が企業に貸出す預金はほどなく支払いにつかわれます。第２章でみたように，預金の支払いに日銀当座預金が必要になりますので，貸出しが増えそうなとき銀行は日銀当座預金を手放しにくくなります。手放しにくい日銀当座預金を貸してもらうには，多くの利息を払わねばなりません。それで，利息の額を決めるコールレートは上がります。

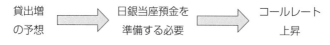

図表８－３　好況期のコールレート[1]

　ある期間の純粋利子率は，その期間に予想されるコールレートの平均近くに決まります。１日の貸借につくコールレート（オーバーナイト物）と１か月の貸借につく純粋利子率の関係について，図表８－４で説明します。好況期に貸出しが盛んになると，銀行は総じて日銀当座預金を手放しにくくなります。このとき日銀当座預金を借りるには，多くの利息を払わなければなりません。よって，日銀当座預金を１日借りるときの利息を決めるコールレート（オーバーナイト物）は高くなるという予想が支配的になります（図の①）。この予想は１か月の貸借につく純粋利子率を押し上げます（図の②）[2]。このように，予想されるコールレートによって純粋利子率は決まります。

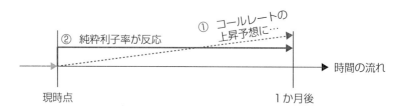

図表８－４　好況期のコールレートと純粋利子率

1）間宮訳（2008, p.232）に「利子率は流動性を手放すことに対する報酬であり，貨幣を保持している人が貨幣に対する流動的支配権を手放したくないと思う尺度である」とある。詳細は佐々木（2016）の第４章から第６章を参照。

2）もし純粋利子率が上がらなければ，コールレートで毎日借りては返すを１か月続けるより純粋利子率で１か月借り続けるほうが利息が少なくて済むので，純粋利子率で貸してくれるところに借り手が殺到する。借り手が殺到すると貸し手の交渉力は高まり，受取り利息を増やすために純粋利子率を上げる。結果としてこれら２種の利子率は無裁定水準に落ち着く。貸出しが減る不況期には，コールレート低下の予想が純粋利子率を押し下げる。本章の補論１はこのメカニズムを数値例で説明している。

　純粋利子率にプレミアムを乗せたものがハードルレートです。プレミアムには借り手の
リスクと貸し手のリスクが反映されます。借り手のリスクとは事業の結果が予想と異なる
可能性のことです。事業の結果が予想と異なる可能性が高いときや事業から損失をこうむ
るおそれがあるときには借り手のリスクが大きいと判断され，プレミアムは高くなります。
貸し手のリスクとは，貸出した資金が返済されない可能性のことです。貸出先企業の経営
陣が怠けたために業績が悪化し，貸出金の返済が滞ることがあります。また，貸出すとき
に設定した担保の価値が下がり，担保を現金化しても債権を回収できないことがあります。
これらが起こりそうなときには貸し手のリスクが大きいと判断され，プレミアムは高くな
ります。

　図表8－5はハードルレートの決まりかたを表しています。純粋利子率は日銀当座預金
の手放しにくさの見込みをもとに決まり，プレミアムの大きさは貸出先企業が実施する事
業の見込みと返済の見込みをもとに決まります。

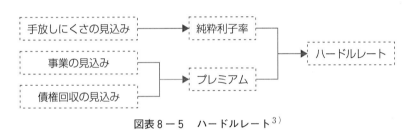

図表8－5　ハードルレート[3]

2 マネーと経済活動

　ケインズは，ハードルレートが与えられると，それに見合うようにGDPの水準とマネ
ーの量が決まると考えました。次式はケインズの考えを表しています[4]。

$$M = L(R, Y)$$

---

3 ）間宮訳（2008, p.198）に，借り手のリスクは企業者が「望む期待収益が実際に得られるかど
　　うか，その見込について彼に疑念があるところから生じ」，貸し手のリスクは「債務不履行か，
　　または〔担保価値の下落による〕担保余力の不足」に起因する，とある。間宮訳（2008, p.218）
　　も参照。間宮訳（2008, p.200）に「好況期には，借り手と貸し手双方の危険の大きさについ
　　ての世間の評価は，通常と違って，ばかに低くなりがちである」とある。間宮訳（2008,
　　p.291）に「典型的な借り手が支払わなければならない利子率はその低下が純粋利子率よりは
　　もっと緩慢かもしれず，その利子率をある最低限以下に押し下げることは現在の銀行・金融
　　組織の手にする手段をもってしても不可能かもしれない」。「純粋利子率がゼロだったとして
　　も，顧客に対しては一・五ないし二パーセント〔の危険費用〕を負担させなければならない
　　かもしれない」とある。ハードルレートは代替投資機会の利益率であるから，自己資金で設
　　備投資する際にも参照される。
4 ）F（総資本形成）がR, M, Yを決めるとしたいが，保守的に記述した。

M はマネーストック，R はハードルレート，Y は生産側または分配側から計測する GDP の水準を表します。L はハードルレートと GDP の水準をマネーの量に結びつける関数です。

図表 8－6 の左図はハードルレートとマネーの量の関係を表しています。ハードルレートが高いときマネーの量は少なく，ハードルレートが低いときマネーの量は多い傾向にあります。右図は GDP の水準とマネーの量の関係を表しています。1965 年から 1997 年のようすをみると，GDP の水準が低いときマネーの量は少なく，GDP の水準が高いときマネーの量は多い傾向にあります。1998 年から 2018 年のようすは 1997 年までと異なります。GDP の水準は 500 兆円から 550 兆円のあいだを増減する一方で，マネーの量は 220 兆円から 754 兆円まで増えています。1990 年代に何らかの構造変化が生じたようです。

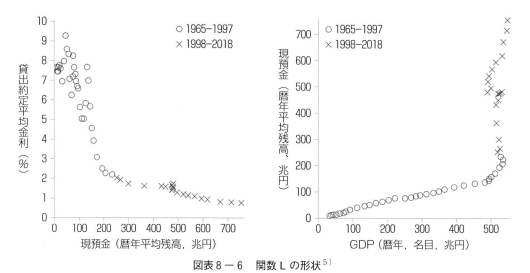

図表 8－6　関数 L の形状[5]

1990 年代に生じた構造変化については本章の補論 2 で説明します。ここでは，構造変化が生じる前のようすをみます。図表 8－7 は，図表 8－6 のうち 1965 年から 1995 年を取り出して掲げたものです。マネーの量とハードルレートの関係を表す左図をみると，短期的な右上がりの傾向と長期的な右下がりの傾向が混在していることに気づきます。これは何を反映しているのでしょうか。

まず，短期的な右上がりの傾向についてみます。1972 年から 1974 年，1978 年から 1980 年，1988 年から 1990 年は，いずれも貸出が増えた好況期です。貸出が増えると決済に用いる日銀当座預金を手放しにくくなり，コールレートは上がります。コールレートは

5）内閣府経済社会総合研究所，国民経済計算，日本銀行，時系列統計データ検索サイト，日本銀行百年史編纂委員会編，資料編からデータを取得し作成。間宮訳（2008, p.238）に「貨幣〔需要〕量を利子率と関係づける流動性選好表は，一般には，貨幣量が増加するにつれて利子率が下落する〔利子率が下落するにつれて貨幣需要量が増加する〕ことを表す滑らかな曲線になると仮定してよい」とある。超過準備がないとき，信用拡張には日本銀行のアコモデーションを要する。

上がるという予想が支配的になれば，純粋利子率は高くなります。プレミアムが一定であれば，ハードルレートも高くなります。短期的な右上がりの傾向は，景気拡張の過程を表しています[6]。

　つづいて，長期的な右下がりの傾向についてみます。図表のデータは，前回の東京オリンピックの翌年，1965年からはじまっています。当時3Cといわれた自動車，クーラー，カラーテレビは大衆の憧れでした[7]。これらの製品に対する旺盛な需要に応えるべく，企業は設備投資を増やしました。何を作れば売れるかはっきりしていて，それを作る設備が希少なとき，設備投資をして得られる利益率はかなりの確度をもって高いと予想されます。高い利回りを要求しても企業がそれに応えられそうなとき，投資家や金融機関はハードルレートを高く設定します。1990年代中頃になると，企業設備は国内の需要を満たす水準を上回るようになり，多くの産業で競争が激しくなりました。生き残りをかけて企業が争うとき，設備投資をして得られる利益率は低いと予想されます。高い利回りを要求しても企業がそれに応えられそうにないとき，投資家や金融機関はハードルレートを低く設定します。長期的な右下がりの傾向は，日本が新興国から成熟国へ移行する過程を表しています[8]。

　図表8-7の右図は，GDPの水準とマネーの量との関係を表しています。前章でみたように，総資本形成が増えるとGDPは増えます。本章で説明しているように，資本を形成する資金を借入れでまかなうとマネーは増えます。右図は，背後にひそむ総資本形成を共通の原因として，GDPとマネーがともに増えることを表しています。

図表8-7　関数Lの形状（1965年から1995年）[9]

6）景気循環については第12章を参照。柿原訳（2019, pp.266-269）も参照。
7）3Cの普及については内閣府，消費動向調査，主要耐久消費財等の普及率を参照。
8）資本のストックと利回りとの関係については第13章を参照。
9）内閣府経済社会総合研究所，国民経済計算，日本銀行，時系列統計データ検索サイト，日本銀行百年史編纂委員会編，資料編からデータを取得し作成。本図表は前章の図表7-5，図表7-6とともに読み解くべきである。

③ LM曲線

LM曲線は，次式を満たすハードルレートとGDPの関係を表す曲線です。

$$M = L(R, Y)$$

　図表8−8の左下のグラフは図表8−7の左図にあらわれる長期的な傾向を模式化したものであり，右上のグラフは図表8−7の右図を模式化したものです。前節で説明したように，景気の動向と経済発展の段階によってハードルレートは決まります。ハードルレートが与えられると，資本は限界効率がハードルレートと等しくなるところまで形成されます。資本を形成する資金の一部は借入れによってまかなわれますので，マネーの量は借入額に見合うように決まります（左下のグラフの①）。総資本形成を共通の原因として，GDPの水準とマネーの量が決まります（右上のグラフの②）。右下の領域におかれた点は，左下のグラフと右上のグラフから導かれるGDPとハードルレートの関係を表します。

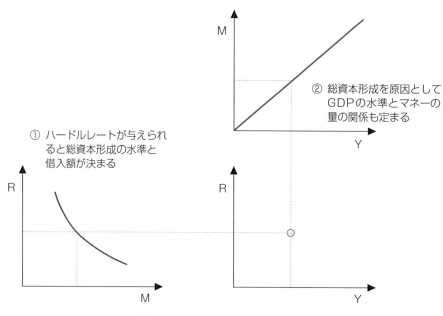

図表8−8　ハードルレート，マネー，GDP

　図表8−9は総資本形成が増えるとき経済に生じる変化を表しています。資本を形成する資金が借入れでまかなわれるのであれば，マネーは増えます。このとき，決済に用いる日銀当座預金を手放しにくくなり，コールレートは上がります。プレミアムに変化がなければ，コールレートが上がるとハードルレートも上がります（左下のグラフの①）。総資本形成が増えると，GDPは増えます（右上のグラフの②）。右下の領域におかれた2点は，総

資本形成の増加を起点にマネーの増加，ハードルレートの上昇，GDPの増加がともに生じることを表します。

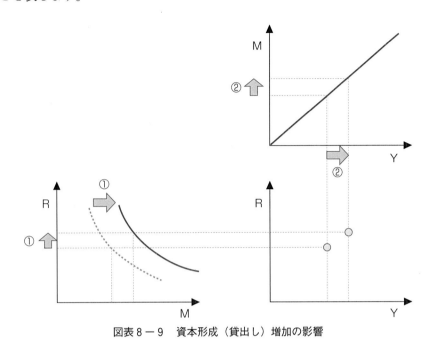

図表8－9　資本形成（貸出し）増加の影響

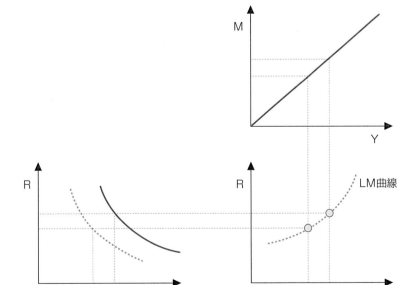

図表8－10　LM曲線[10]

---

10)　Davidson（1965, p.57）のFig.3を参照して作成。

　図表8－9の右下の領域におかれた2点を通る曲線は，図表8－10のように右上がりになります。これがLM曲線です。LM曲線は，好況期に企業の活動が活発になり，ハードルレートは高くなり，GDPは増えることを表します。

補論1　純粋利子率

　図表8－4で説明したコールレートと純粋利子率の関係を，1日の貸借につくコールレート（オーバーナイト物）と30日の貸借につく純粋利子率の関係を例に説明します。1日目から30日目に予想されるコールレート（オーバーナイト物）を $r_1, r_2, \cdots, r_{30}$ とおきます[11]。このとき，30日の貸借につく純粋利子率は次式によって表されます。

$$1 + \frac{30}{365} \times 純粋利子率 = \left(1 + \frac{r_1}{365}\right) \times \left(1 + \frac{r_2}{365}\right) \times \cdots \times \left(1 + \frac{r_{30}}{365}\right)$$

　右辺の $(1 + r_1/365)$, $(1 + r_2/365)$, $(1 + r_{30}/365)$ は，1日目，2日目，30日目のコールレート（オーバーナイト物）で1日運用して得られる収益を表します。自然対数をとると

$$\ell n \left(1 + \frac{30}{365} \times 純粋利子率\right) = \ell n \left(1 + \frac{r_1}{365}\right) + \ell n \left(1 + \frac{r_2}{365}\right) + \cdots + \ell n \left(1 + \frac{r_{30}}{365}\right)$$

両辺を近似し整理すると[12]

$$\frac{30}{365} \times 純粋利子率 \fallingdotseq \frac{1}{365}(r_1 + r_2 + \cdots + r_{30})$$

$$純粋利子率 \fallingdotseq \frac{1}{30}(r_1 + r_2 + \cdots + r_{30})$$

　30日間の純粋利子率は，今後30日に予想されるコールレート（オーバーナイト物）の平均とほぼ等しくなります。30日よりも短い期間，30日よりも長い期間の純粋利子率も，その期間に予想されるコールレート（オーバーナイト物）の平均によって近似されます[13]。

---

11) 民法140条に「日，週，月又は年によって期間を定めたときは，期間の初日は，算入しない」とある。民法138条から143条は期間の計算のしかたを定めている。

12) x の値が小さいとき，$\ell n (1+x)$ は x にごく近い値をとる。

13) タームプレミアムについては本書の範囲を超えるため説明を割愛する。本書が実質利子率ではなく名目利子率を用いる理由については，Robertson（1934）を参照。

補論2　マネーフロー

　図表8−6の右図にみられる資金循環の構造変化について，図表8−11で説明します。1965年から1997年にマネーは217兆円増えました。左図から，マネーの増加に対応して増えたのは借入れと資金余剰であることがわかります。私たち，企業，地方公共団体などマネー保有主体の資金余剰は金融部門，中央政府，海外部門の資金不足に対応します。右図はその対応を表しています。マネー保有主体の309兆円の資金余剰が，金融部門16兆円，中央政府128兆円，海外部門166兆円の資金不足に対応します。1998年から2018年にマネーは542兆円増えました。左図から，マネーの増加に対応して増えたのはおもに資金余剰であることがわかります。右図をみると，マネー保有主体の838兆円の資金余剰は，金融部門の112兆円の資金余剰と，中央政府625兆円，海外部門325兆円の資金不足に対応します。

　1965年から1997年にみられるマネーの増加は，借入れ，中央政府，海外部門の増加に対応します。1998年から2018年にみられるマネーの増加は，中央政府と海外部門の増加に対応します。図表8−6にみられる構造変化は，マネーの増加に対応するものが借入れから中央政府の財政赤字に変わったことを反映しています。

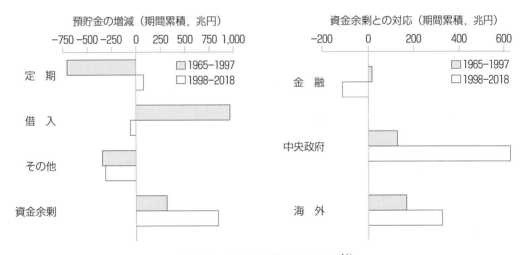

図表8−11　資金循環の構造変化[14]

14) 日本銀行，時系列統計データ検索サイトからデータを取得し作成。図表の作成方法については日本銀行調査統計局（1995）を参照。2005年以降のデータが遡及改定されたことについては日本銀行調査統計局（2016, 2020）を参照。左図項目の「定期」は定期預金への繰入れによる流動性預金の減少，または定期預金の満期や解約等による流動性預金の増加を表す。「中央政府」は中央政府と社会保障基金の資金過不足の和である。International Monetary Fund（2009, pp.228-230）を参照。

　マネー保有主体の資金余剰が中央政府の資金不足と対応していることについて,「家計の金融資産が1,800兆円あるため財政赤字をまかなえる」と説明されることがあります。しかし,この説明は実際を十分に反映していません[15]。

　中央政府が国債を発行して金融機関から資金を調達し,それを年金などの形で私たちへ,補助金などの形で企業へ,地方交付税交付金などの形で地方公共団体へ散布したため預金が増えたというのが実際です。中央政府が資金を散布すると,その分だけ預金は増えます。

　私たちや企業が銀行から借りると借入債務とマネーが同額ずつ増えるように,中央政府が国債を発行して得た資金を散布すると中央政府の債務とマネーは同額ずつ増えます。いうまでもなく,中央政府の債務を保証するのは私たち日本国民です[16]。

参考文献

【和書】

・齊藤壽彦『近代日本の金・外貨政策』慶應義塾大学出版会,2015年。
・佐々木浩二『ファイナンス ─資金の流れから経済を読み解く─』創成社,2016年。
・日本銀行調査統計局『マネーサプライ統計とその変動の分析手法』日本銀行月報1995年7月号,1995年。
・日本銀行調査統計局『2008SNAを踏まえた資金循環統計の見直し結果』BOJ Reports & Research Papers,2016年。
・日本銀行調査統計局『資金循環統計の解説』2020年。

【訳書】

・Hume, David著,田中秀夫訳『ヒューム 政治論集』近代社会思想コレクション04,京都大学出版会,2010年。
・Keynes, John Maynard著,間宮陽介訳『雇用,利子および貨幣の一般理論』上巻,岩波書店,2008年。
・Moggridge, Donald Edward編,柿原和夫訳『一般理論とその後 第13巻および第14巻への補遺』ケインズ全集第29巻,東洋経済新報社,2019年。

---

15) マネー保有主体が国債を購入したのであれば,購入代金の分だけマネー保有主体の預金は減り,政府が集めた資金をマネー保有主体に散布すれば,国債購入によって生じた預金の減少はおおよそ相殺されるはずである。しかし,統計は預金が増えたことを示している。「資金余剰」は理解しにくい語である。佐々木(2016)の第7章を参照。

16) 田中訳(2010)所収の「論説八 公信用について」を参照。財政支出の制約は税収ではなく信用である。1998年から財政赤字が600兆円を超えて膨らんだわが国は,Turner(2015)の「節度ある財政ファイナンス」を実施してきたのかもしれない。「節度」は国家の信用による。
　国際収支の黒字を重視する考えは,ベルギーの中央銀行が対外収支の黒字を正貨に充てたことから生じているようである(齊藤,2015,p.69)。「2つのコクサイ化」は複雑な状況を生み出している。

【洋書】

・Davidson, Paul, 1965, Keynes's Finance Motive, Oxford Economic Papers, New Series 17, 1, 47-65.

・International Monetary Fund, 2009, Balance of Payments and International Investment Position Manual, Sixth Edition (BPM6), IMF Multimedia Services Division.

・Robertson, Dennis Holme, 1934, Industrial Fluctuation and the Natural Rate of Interest, Economic Journal, 44, 176, 650-656.

・Turner, Adair, 2015, The Case for Monetary Finance — An Essentially Political Issue, 16th Jacques Polak Annual Research Conference.

Further Reading

・鬼頭仁三郎『貨幣と利子の動態』岩波オンデマンドブックス，岩波書店，2012年。

・日本銀行調査統計局『資金循環統計の作成方法』2020年。

・Davidson, Paul, and Sidney Weintraub, 1973, Money as Cause and Effect, Economic Journal, 83, 332, 1117-1132.

・Harrod, Roy Forbes, 1937, Mr. Keynes and Traditional Theories, Econometrica, 5, 1, 74-86.

・Hicks, John Richard, 1935, A Suggestion for Simplifying the Theory of Money, Economica, New Series, 2, 5, 1-19.

・Hicks, John Richard, 1937, Mr. Keynes and the "Classics": A Suggested Interpretation, Econometrica, 5, 2, 147-159.

・Hicks, John Richard, 1957, Rehabilitation of "Classical" Economics, Economic Journal, 67, 266, 278-289.

・Hicks, John, 1973, Recollections and Documents, Economica, 40, 157, 2-11.

・Hicks, John, 1980-1981, "IS-LM": An Explanation, Journal of Post Keynesian Economics, 3, 2, 139-154.

・Hugh Townshend, 1937, Liquidity-Premium and the Theory of Value, Economic Journal, 47, 185, 157-169.

・Keynes, John Maynard, 1937, Alternative Theories of the Rate of Interest, Economic Journal, 47, 186, 241-252.

・Keynes, John Maynard, 1937, The ex-ante Theory of the Rate of Interest, Economic Journal, 47, 663-669.

・Keynes, John Maynard, 1938, Mr. Keynes and "Finance", Economic Journal, 48, 190, 318-322.

・Klamer, Arjo, 1989, An Accountant among Economists: Conservations with Sir John R. Hicks, Journal of Economic Perspectives, 3, 4, 167-180.

・Lerner, Abraham Ptachya, 1938, Alternative Formulations of the Theory of Interest, Economic Journal, 48, 190, 211-230.

・Marget, Arthur W., 1931, Léon Walras and the "Cash-Balance Approach" to the Problem of the Value of Money, Journal of Political Economy, 39, 5, 569-600.

───── 第 9 章 ─────

失業の原因

　第6章と第7章でモノをとおして経済をみたときのハードルレートとGDPの関係について学び，第8章でマネーをとおして経済をみたときのハードルレートとGDPの関係について学びました。本章では，ケインズが『雇用，利子および貨幣の一般理論』で明らかにした3つのことのうちの2つ，「GDPの水準はどのように決まるのか」と「失業はなぜ生じるのか」を説明します。

1　GDPの水準はどのように決まるのか

　第6章から第8章で学んだことは次の4式に集約されます。GDPの水準はこれらの式が満たされるように決まります。

$$E = Y$$
$$E = a + bY + F$$
$$F = F(R)$$
$$M = L(R, Y)$$

　式が4つもならぶと難しく感じられますので，式をグラフにしたIS曲線とLM曲線を用いて説明します。図表9−1はIS曲線とそれを導く補助グラフ，およびLM曲線とそれを導く補助グラフを表しています。

　右下の3領域には，第7章で説明したIS曲線とそれを導く補助グラフが描かれています。右のグラフはハードルレートが与えられると総資本形成の水準が決まることを表します。下のKeynesian Crossは総資本形成の水準が与えられるとGDPの水準が決まることを表します。中央の領域に描かれている右下がりの曲線は2枚の補助グラフから導かれるIS曲線です。右下がりのIS曲線は，資本が増えるにしたがい企業の競争が激しくなるので，ハードルレートを下げないとGDPは増えにくくなることを表します。

　左上の3領域には，第8章で説明したLM曲線とそれを導く補助グラフが描かれています。左のグラフはハードルレートが与えられると資本を形成するための借入れ（マネー）の量が決まることを表します。上のグラフは総資本形成の水準に見合うGDPの水準とマ

ネーの量との関係を表します。中央の領域に描かれている右上がりの曲線は2枚の補助グラフから導かれるLM曲線です。右上がりのLM曲線は，企業の活動が活発なときハードルレートは高くなり，GDPは増えることを表します。

　IS曲線上の点はモノをとおして経済をみたときのハードルレートとGDPの関係を表し，LM曲線上の点はマネーをとおして経済をみたときのハードルレートとGDPの関係を表します。現実の経済はモノとマネーの両方があってはじめて成立します。したがって，現実の経済にあらわれるのは，モノの経済とマネーの経済いずれとも矛盾しないハードルレートとGDPの組み合わせだけです。そのような組み合わせは，IS曲線とLM曲線が交じわる一点です。ケインズは，この交点からGDPの水準 Y^* が導かれると考えました。

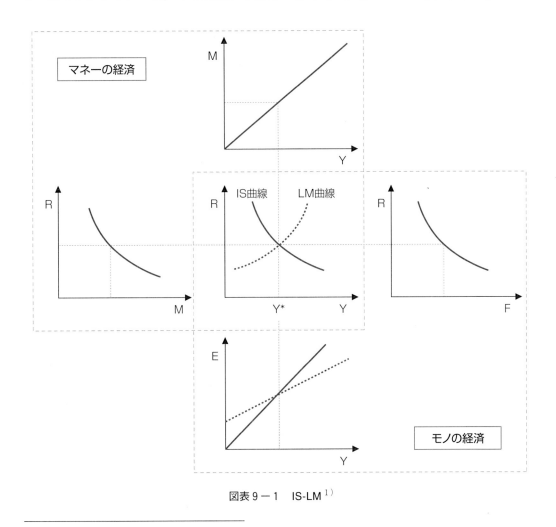

図表9-1　IS-LM[1]

────────

1）Webb（1972）のFig.2を参考に作成。IS-LMの新規性について，塩野谷訳（1967, p.511）に「ケインズの書物の出版以前には，一般経済理論，すなわち財貨および生産諸要因の需要と供給ならびにそれらの個々の価格を論じた人たちは，銀行政策や一般物価水準を論じた人たちとは別の世界に住んでいるように見えた」とある。

2 労働力の需給

　つづいて，失業はなぜ生じるのか説明します[2]。失業が生じる理由を理解するには，雇い主が採用したいと考える労働力と，人々が提供したいと考える労働力がどのように決まるのかを知る必要があります。

　雇い主が採用したいと考える労働力を労働力の需要といいます。雇い主はモノの売行きを予想して，利益が最大となるように労働力の需要を決めます[3]。企業の利益は付加価値にあらわれますから，労働力の需要は予想されるGDPの水準から導かれると考えられます。予想されるGDPの水準を有効需要といいます。有効需要は消費性向，資本の限界効率表，純粋利子率，プレミアムをもとに作成されるIS-LMのグラフから導かれます。有効需要の水準が高いとき労働力の需要は多く，有効需要の水準が低いとき労働力の需要は少なくなります。

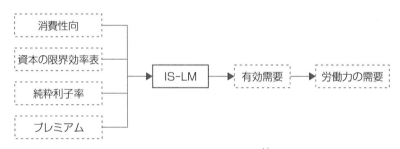

図表９－２　労働力の需要[4]

2）清水他訳（2016, p.110）に「私にとって歴史的に見て最も異常なことは，産出量全体に対する需要と供給の理論，すなわち雇用理論が，四半世紀の間経済学において最も議論の対象となった後，完全に消滅していることです」とある。

3）柿原訳（2019, p.118）に「ある日付までの集計的販売売上額を，その日付あるいはそれ以前に完成した産出物の集計的費用に同期化する措置が取られないシステムを考えるなら，企業全体としての受取りは生産費を超過するか下回る可能性がある。企業がこのような状況を予見するか推測する限り，生産諸要素を雇用する全体としての熱意が影響を受ける」とある。また，柿原訳（2019, p.87）に「何より重要なのは，われわれは雇用についての結論の基礎を適切な基準に置いていることである。すなわち，資本設備を所有する企業にとって，貨幣を支払って可変費用を負担することが引き合うと予想できるかどうか，つまり，雇用に貨幣を支払ってその産出物を販売する結果が，会計期間の期末に，その貨幣を手元に留めておいた場合よりもいっそう大きな貨幣純額をもたらすことになると予想できるかどうか，に置いているのである」とある。

4）Moggridge ed.（2013, pp.553-556）を参照して作成。間宮訳（2008, p.36）に「企業者は雇用量を，売上収入が要素費用を超過する額〔すなわち利潤〕が最大になると期待される水準に設定しようとする」とあり，間宮訳（2008, p.77）に「有効需要はその総需要関数上の特定の一点で，供給条件と込みにすると企業者の期待利潤を最大化する雇用水準に対応しているが

　人々が提供したいと考える労働力を労働力の供給といいます。人々は働くことで給与を得ます。また，社会に貢献しているという満足を得ます。これらは働くメリットです。一方，人々は働かないことで仕事のストレスから解放されます。また，余暇をたのしむ時間を得ます。これらは働かないメリットです。働くメリットが働かないメリット以上であるとき，人々は労働力を提供します。ここでは給与水準が労働力の供給を決めると考えます。

図表9－3　労働力の供給

③ 失業はなぜ生じるのか

　ここまでで，労働力の需要は有効需要の水準によって決まり，労働力の供給は給与水準によって決まることがわかりました。次式は労働力の需要と供給が一致している状態を表します。

$$N_D(Y) = N_S(W)$$

　$N_D(Y)$ は有効需要の水準 Y によって決まる労働力の需要量を，$N_S(W)$ は給与水準 W によって決まる労働力の供給量を表します[5]。上の等式は，働きたい人が働きたい時間だけ雇われている完全雇用の状態を表します。労働力の需要と供給は異なる理由で決まりますので，等式が常に成り立つとは限りません[6]。すなわち，下式のような状況が生じえます。

ゆえに有効となる点である」とある。間宮訳（2009, p.66）に「有効需要は所得でいえば現に実現された所得ではなく，生産を誘発するところの期待所得に相当し，しかもそれは純所得ではなく粗の所得である」とある。間宮訳（2008, p.196）に「利子率が資本の限界効率と歩調をそろえて上昇するとしたら，物価上昇の期待は刺激効果を全くもたないであろう。なぜなら，産出量を刺激するもしないも，それはひとえに，与えられた資本ストックの限界効率が利子率と比べてどれほど上昇するかにかかっているからである」。「貨幣価値の予想される変化が直接作用を及ぼすのは所与の資本ストックの限界効率ではなく利子率だと考えたところに，そもそもの間違いがある」とある。企業が予想するのは物価ではなく収益である。柿原訳（2019, p.106）に「雇用を促進するのはこのような物価上昇の見込みではなくて，販売売上額と可変費用の差額が増加する見込みなのである」とある。玉野井訳（2014）の第6章も参照。

5）$N_D(Y)$ と $N_S(W)$ の下添え字 D と S は，需要（Demand）と供給（Supply）を表す。

$$N_D(Y) < N_S(W)$$

　この不等式が示す労働力の需要量と供給量の差は，利用されない労働力を表します。利用されない労働力がある状態を失業といいます。図表9－4は失業を表すグラフです。水平の線は労働力の供給を，右上がりの曲線は労働力の需要を表します。給与水準がWであるとき，労働力の需要と供給が一致するには有効需要がY^{**}の水準になければなりません。しかし，有効需要はY^{**}の水準にあるとは限りません。有効需要がY^{**}より低いY^{*}の水準にとどまれば，労働力の需要量はN^{*}となります。このとき，労働力の供給量N^{**}のうち$N^{**}-N^{*}$は利用されず失業が生じます[7]。

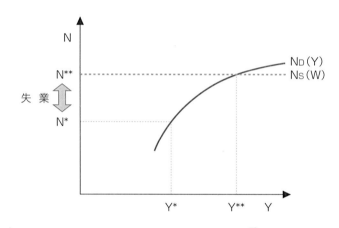

図表9－4　労働力の需給と失業[8]

6）間宮訳（2008, p.41）に「均衡雇用水準が完全雇用に等しいと期待する理由は一般には全く存在しない。完全雇用をともなう有効需要は特殊な場合であり，わずかに消費性向と投資誘因が互いにある特別な関係をもつ場合に限って実現されるにすぎない」とある。柿原（2019, p.112）も参照。

7）柿原訳（2019, p.122）に「失業状態とは，産出物の限界効用が労力の限界負効用よりも大きい状態として，つまり，人が何かを生産するために彼が負担する労力よりもその何かをいっそう高く評価するとき，その何かを人が生産するのを妨げる組織上の失敗としてのみ定義できる」とある。

8）Wells（1960）のFig.1，渡辺・小山訳（1998, p.23）の図2－1を参考に作成。間宮訳（2008, p.42）に，有効需要「のすべての変化が貨幣賃金一定という当面の仮定と必ずしも両立するわけではない」。「われわれの理論を完全な姿で叙述しようとすれば，この仮定を取り払うことが不可欠となる」とある。間宮訳（2008, pp.43-44）に「労働供給は雇用の最大水準を画すにすぎず，」「有効需要が不足しているというただそれだけの理由で完全雇用水準に到達する以前に雇用の増加が止むかもしれないし，またしばしばそうなる」とある。

　失業を減らすにはどうすればよいのでしょうか。図表9－5はGDPの増減と雇用量および就業量の増減との関係を表しています。GDPが増えると雇用量と就業量は増え，失業は減ると考えてよさそうです。では，GDP（有効需要）を増やすにはどうすればよいのでしょうか。この点については次章で学びます。

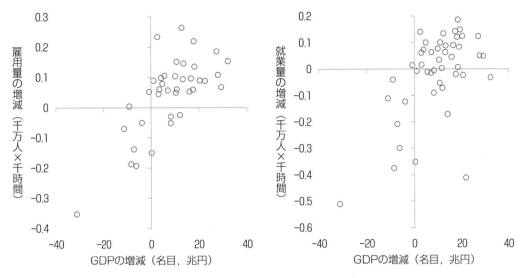

図表9－5　雇用量，就業量とGDP[9]

9）内閣府経済社会総合研究所，国民経済計算，OECD，StatExtractsからデータを取得し作成。

補　論　雇用量と就業量

　図表 9 － 5 の縦軸に用いた雇用量と就業量について説明します。近年は働きかたが多様であり，働く時間も長短さまざまですので，一人が 1 時間働くことを労働力 1 単位とします[10]。すると，雇用量と就業量は次式によって表されます。

雇用量 ＝ 雇用者数 × 雇用者の労働時間

就業量 ＝ 就業者数 × 就業者の労働時間

　図表 9 － 6 の左図は雇用者数と雇用者の年間労働時間を表し，右図は就業者数と就業者の年間労働時間を表しています。雇用者数と就業者数は，いずれも1997年まで増えました。1998年以降，雇用者数は増え，就業者数は一定の範囲内で増減しています。労働時間については，雇用者と就業者に大きな違いはみられません。

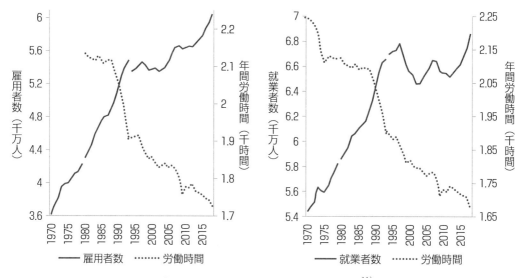

図表 9 － 6　雇用者数，就業者数，労働時間[11]

　図表 9 － 7 は雇用量と就業量を表しています。縦軸の単位は千万人と千時間の積です。たとえば，縦軸の10という値は 5 千万人が 2 千時間働くことに換算される量を表します。雇用量と就業量は1991年をピークに減ってきていましたが，リーマンショックを乗り越えてから回復の兆しがみられます。また，就業量の減少は雇用量の減少を上回っています。雇用者ではない就業者（自営業主と家族従業者）の労働量は減ってきています。

---

10)　間宮訳（2008, p.57）に「相対報酬がある程度固定されているなら，通常労働の一時間の雇用をわれわれの単位と」すれば「われわれの目的には十分かなう」とある。

11)　内閣府経済社会総合研究所, 国民経済計算，OECD, StatExtractsからデータを取得し作成。

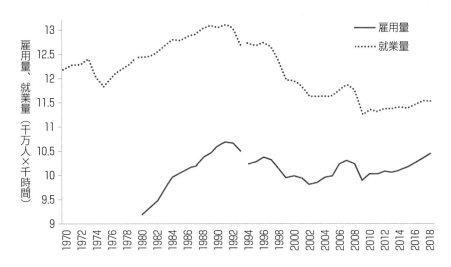

図表9−7　雇用量と就業量[12]

12）内閣府経済社会総合研究所，国民経済計算，OECD, StatExtractsからデータを取得し作成。永澤訳（1997, p.256）に「多くの世代にわたり，西欧世界の産業は着実に勤勉になり，休日は減少し，労働時間は増大し，人々は，仕事以外に喜びを求めることをますます少なくすることに，自発的にか必要に迫られて甘んじて来た。しかし，このような動きは絶頂に達し，いまや下降しつつあるように思われる。最高級の仕事を除いたあらゆる等級の仕事において，人々は，以前よりも休養をより高く評価するようになり，過度の緊張から生ずる疲労に対して，より我慢できないようになりつつある。また，彼らは全体としてはおそらく，現在のぜい沢品の獲得のための，きわめて長時間に及ぶ仕事から生ずる，絶えず増大する「非効用」に耐えることを，過去におけるよりも喜ばなくなっている」とある。永澤訳（2000, pp.193-218, pp.257-275）も参照。間宮訳（2009, pp.103-104）に「〔彼らは〕やがて誰もが所得の増加よりも余暇の増大がもたらす便益に重きをおく日が来る〔と言う〕。しかし現在のところは，大多数の人々が余暇の増大よりも所得の増大を選好している強い証拠があるように思われる。だから，もっと多くの余暇を楽しむよりももっと多くの所得を得たいと思っている人に無理強い〔して，雇用を明け渡せと説得〕しなければならない理由は何もない」とある。

空白の30年はマーシャルの倫理観とケインズの現実感覚を併せ持つ経済学者が日本にいなかったことによるのであろう。

参考文献

【訳書】

・Davidson, Paul著，渡辺良夫・小山庄三訳『ポスト・ケインズ派のマクロ経済学 21世紀の経済政策の基礎を求めて』多賀出版，1998年。

・Harrod, Roy Forbes著，塩野谷九十九訳『ケインズ伝』下巻，東洋経済新報社，1967年。

・Keynes, John Maynard著，間宮陽介訳『雇用，利子および貨幣の一般理論』上巻，岩波書店，2008年。

・Keynes, John Maynard著，間宮陽介訳『雇用，利子および貨幣の一般理論』下巻，岩波書店，2009年。

・Malthus, Robert Thomas著，玉野井芳郎訳『経済学における諸定義』岩波書店，2014年。

・Marshall, Alfred著，永澤越郎訳『経済学原理』第4分冊，岩波ブックサービスセンター，1997年。

・Marshall, Alfred著，永澤越郎訳『経済論文集』岩波ブックサービスセンター，2000年。

・Moggridge, Donald Edward編，清水啓典・柿原和夫・細谷圭訳『一般理論とその後 第II部 弁護と発展』ケインズ全集第14巻，東洋経済新報社，2016年。

・Moggridge, Donald Edward編，柿原和夫訳『一般理論とその後 第13巻および第14巻への補遺』ケインズ全集第29巻，東洋経済新報社，2019年。

【洋書】

・Moggridge, Donald Edward, ed., 2013, The General Theory and After: Part I Preparation, in The Collected Writings of John Maynard Keynes, Vol. XIII, Cambridge University Press.

・Webb, Samuel C., 1972, The Deficient Treatment of Money in Basic Undergraduate Texts: Comment, Journal of Money, Credit and Banking, 4, 1, 1, 109-112.

・Wells, Paul, 1960, Keynes' Aggregate Supply Function: A Suggested Interpretation, Economic Journal, 70, 279, 536-542.

Further Reading

・Keynes, John Maynard著，宮崎義一訳「ロイド・ジョージはそれをなしうるか？」『説得論集』ケインズ全集第9巻，東洋経済新報社，2004年。

・Di Gaspare, Serena, 2015, Henry A. Abbati : Keynes' Forgotten Precursor: Selected Writings, Routledge.

・George, David Lloyd, 1929, We Can Conquer Unemployment, Cassel and Company.

・Keynes, John Maynard, 1937, The General Theory of Employment, Quarterly Journal of Economics, 51, 2, 209-223.

・Moggridge, Donald Edward, ed., 2013, Activities 1929-1931: Rethinking Employment and Unemployment Policies, in The Collected Writings of John Maynard Keynes, Vol. XX, Cambridge University Press.

・Pigou, Arthur Cecil, 1968, The Theory of Unemployment, New Impression, Frank Cass & Co.

・Shackle, G. L. S., 1939, Expectations and Employment, Economic Journal, 49, 195, 442-452.

第10章

政策の効果

　前章で失業を減らすには有効需要を増やさなければならないことを学びました。では，有効需要を増やすにはどうすればよいのでしょうか。本章ではケインズが『一般理論』で明らかにしたことの3つめ，「失業をなくすにはどうすればよいか」を説明します。

❶ 金融調節

　労働力の需要は有効需要の水準によって決まります。有効需要の水準は消費性向，資本の限界効率表，純粋利子率，プレミアムをもとに決まります。労働力の供給は給与水準をもとに決まります。

　労働力の需要と供給を決める要因のうち，自由市場経済を旨とする日本国で公的部門が介入できるのは，純粋利子率に影響を与えるコールレートです。コールレートをある水準に誘導する日本銀行の業務を金融調節といいます。金融調節の方針は，日本銀行の金融政策決定会合で決まります。

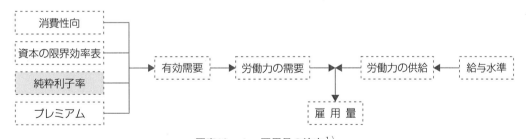

図表10－1　雇用量の決定[1]

1）間宮訳（2008, p.348）に「われわれの最終的な仕事は，われわれが現実に生活している体系において中央当局が人為的に統制あるいは管理することのできる変数を選び出すことにあると言ってよい」とある。長澤訳（2001, pp.221-223）も参照。人々の消費，企業の営業，投資家と金融機関のリスク測定に政府が直接介入するのは自由主義を旨とする社会にふさわしくない，とケインズは考えていたようである。

　近年は「異次元の金融緩和」という特殊な政策が実施されています。そこで，伝統的な金融調節を実施していた時代にさかのぼり，2012年12月19日と20日の両日にわたって開催された会合を例に説明します[2]。

　会合は，12月19日の14時から16時32分まで，12月20日の9時から12時56分まで開かれました。会合には日本銀行総裁，副総裁2名，審議委員6名，財務省と内閣府からそれぞれ1名が出席しました。この会合で決めたことのひとつは

「無担保コールレート（オーバーナイト物）を，0～0.1％程度で推移するよう促す」[3]

という金融調節の方針です。この方針にしたがいコールレートを誘導することをオペレーションといいます。オペレーションには資金供給のオペレーションと資金吸収のオペレーションがあります。資金供給のオペレーションとは，図表10－2の左図のように，金融機関から国債などのモノを一時買い入れて日銀当座預金の総額を増やすことです。資金供給のオペレーションが実施されると日銀当座預金の総額は増え，コールレートが下がります。資金吸収のオペレーションとは，右図のように，金融機関に国債などのモノを一時売り渡して日銀当座預金の総額を減らすことです。資金吸収のオペレーションが実施されると日銀当座預金の総額は減り，コールレートが上がります。

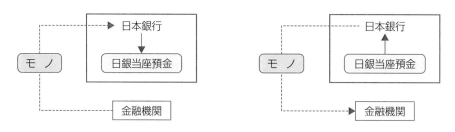

図表10－2　オペレーション

　日本銀行がコールレートを誘導できるのはなぜでしょうか。金融機関は日銀当座預金を融通しあうことはできますが，日銀当座預金の総額を変えることはできません。したがって，日銀当座預金の総額が金融機関全体で必要とされる額に満たないと日銀当座預金のとり合いが起き，コールレートは上がります。このとり合いをおさめることができるのは，日銀当座預金の唯一の供給者である日本銀行だけです。日本銀行が適切な量の日銀当座預金を供給すると資金のとり合いはおさまり，コールレートの水準は落ち着きます。また，日銀当座預金の総額が金融機関全体で必要とされる額を超えると日銀当座預金のゆずり合いが起き，コールレートは下がります。このゆずり合いをおさめることができるのは，日銀当座預金の唯一の吸収者である日本銀行だけです。日本銀行が適切な量の日銀当座預金を吸収すると資金のゆずり合いはおさまり，コールレートの水準は落ち着きます[4]。

　コールレートが誘導目標に落ち着くと，貸借の期間ごとに純粋利子率が決まります。貸借期間と純粋利子率の関係を表す図表10－3をイールドカーブといいます。金融調節の方針が示されてから3か月ほどのあいだに純粋利子率は低くなりました。

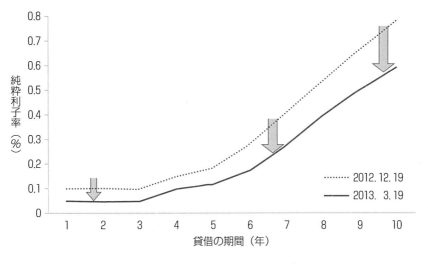

図表10－3　イールドカーブ[5]

2　金融緩和の効果

　資金供給のオペレーションを実施して無担保コールレート（オーバーナイト物）を以前より低い水準に誘導することを金融緩和といいます。日本銀行が金融を緩和すると，経済にどのような変化が生じるのでしょうか。

2）いわゆる量的・質的金融緩和については佐々木（2016）の第7章を参照。

3）日本銀行，金融緩和の強化について（2012年12月20日，p.1）から引用。無担保とは，債務不履行に陥ったとき差し出す担保を設定しないことを意味する。

4）小泉・長澤訳（2001，p.30）に，「中央銀行がまた銀行券発行当局でもあるとすれば，それがその銀行券発行高とその預金との総額を左右しうるかぎり，加盟銀行の総準備資産額は中央銀行の支配下にあるであろう。この場合には，中央銀行はオーケストラの指揮者であって，そのテンポを決める」とある。金融調節の詳細は佐々木（2016）の第4章から第6章を参照。

5）財務省，国債金利情報からデータを取得し作成。間宮訳（2008，p.287）に「通貨当局の創造する貨幣量に応じて一つの利子率，もっと正確に言うと，満期の異なるさまざまな債権の利子率複合体が決まる」。「通貨当局がありとあらゆる満期日の債権を，条件を指定し，売り買い双方向で取引することにやぶさかでなければ，利子率複合体と貨幣量との関係は直接的となるだろう。危険の程度がさまざまに異なる債権でも進んで取引しようとする場合には，なおさらである」とある。長澤訳（2001）の第37章を参照。

　図表10－4はIS-LMのグラフです。金融を緩和すると，コールレートが下がり，純粋利子率は下がります。プレミアムに変化がなければハードルレートも下がります（左右のグラフの①）。ハードルレートが下がると，資本の限界効率表に変化がなければ，総資本形成は増えます（右のグラフの②）。資本を形成する資金が借入れでまかなわれるのであれば，マネーは増えます（左のグラフの③）。ハードルレートが下がると総資本形成とマネーは増えます。

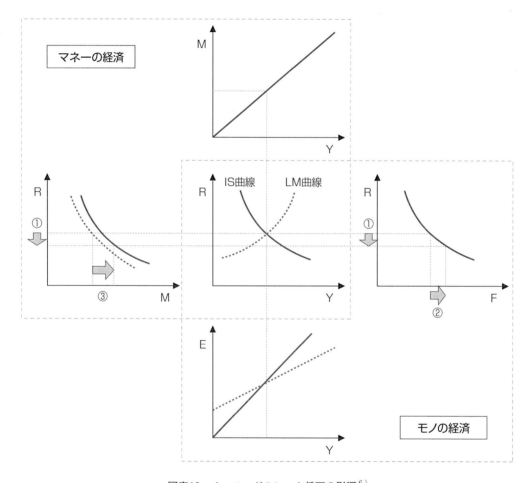

図表10－4　ハードルレート低下の影響[6]

6）間宮訳（2008, pp.348-349）に「〔投資を増やしていくにつれて〕各タイプの資本資産の供給価格は押し上げられ，期待収益の低下と相俟って，ついに資本全般の限界効率は利子率にほぼ等しくなる——このように両者が等しくなる点まで新規投資率を推し進める誘因が存在する。言い換えれば，資本財産業の物的な供給条件，期待収益に関する確信の状態，流動性に対する心理的態度，そして貨幣量（賃金単位で測るのがいい）が相俟って新規投資率を決定する」とある。貨幣内生説については美濃口（1986）を参照。

　図表10−5は総資本形成の増加の影響を表すグラフです。総資本形成の水準は
Keynesian Crossのグラフに描かれた点線の切片を決めます。消費性向に変化がなけれ
ば，総資本形成が増えると点線の切片は上へ移動します（下のグラフの①）。この結果，点
線と線の交点は右上に移動します。新たな交点から導かれるGDPの水準は，金融を緩和
する前より高くなります（下のグラフの②）。新たなGDPの水準に見合うように，マネーは
増えます（上のグラフの③）。金融を緩和するとハードルレートが下がり，GDPは増えま
す。このことは，中央の領域にあるLM曲線の右下への移動によって表されます。

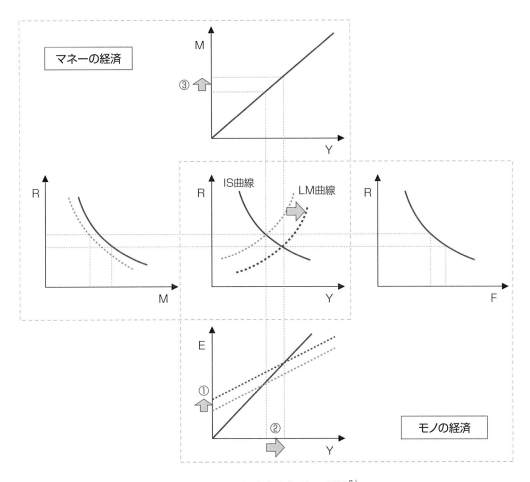

図表10−5　総資本形成増加の影響[7]

7）間宮訳（2008, p.349）に「投資率が増加（減少）すると，それにともなって〔所得率と〕消
　費率も増加（減少）する。なぜなら，所得が増加（減少）しているのでなければ所得と消費
　の開きを広げよう（狭めよう）とはしないのが大衆の一般的な行動様式だからである。とい
　うことはつまり，消費率は一般には所得率の変化と同一方向に（額は所得の増加ほど大きく
　ない）変化するということである」とある。

　図表10－6の上段は図表10－5の中央のグラフを拡大したものです。LM曲線の右下への移動は，金融を緩和するとハードルレートが下がりGDPは増えることを表しています。図表の下段は第9章で学んだ労働力の需給を表すグラフです。金融が緩和される前，有効需要は Y^{*} の水準にあり，$N^{**}\text{-}N^{*}$ だけ失業が生じていました。金融が緩和され，有効需要が Y^{**} まで増えると，労働力の需要は供給と等しくなるところまで増えます。こうして供給される労働力はすべて雇われ失業がなくなります。金融を緩和すると失業はなくなります。

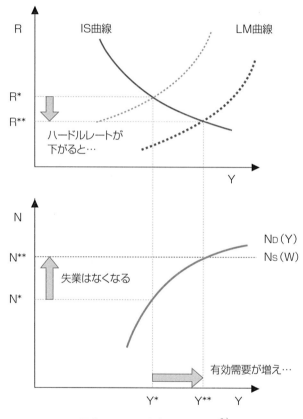

図表10－6　完全雇用の達成[8]

　ケインズの主著『雇用，利子および貨幣の一般理論』のタイトルには，私たちが第2部で学んだことすべてがおさめられています。「貨幣」は，マネーの経済でハードルレートが決まることを表しています。「利子」は，ハードルレートが与えられると，モノの経済で有効需要の水準が決まることを表しています。「雇用」は，有効需要の水準をもとに労

8）塩野谷訳（1967, p.508）に「『一般理論』が新しい分野を開くのはまさにここである。それは，高い失業を伴いながらそれをおのずから救うように作用する諸力を含まない安定的均衡の可能性の分析である。賃金の低落も用をなさないであろう。雇用は，消費性向と投資性向とに依存する「有効需要」総額によって決定される」とある。

働力の需要が決まり，給与の水準をもとに労働力の供給が決まるため，失業が生じうることを表しています。「一般理論」は，失業をなくすには中央銀行や政府の政策が必要であることを表しています[9]。

　19世紀から20世紀への転換期，英国は世界の金融センターの役割を果たしていました[10]。金融センターの役割を担うには，利子率を高く設定して世界中から資金を集める必要があります。しかし，高いハードルレートは国内の総資本形成を停滞させ，失業問題を慢性化させます。これを目の当たりにしたケインズは「おかしい」と感じ，英国に繁栄をもたらす経済理論を模索しました。彼が得た結論は，英国の繁栄はハードルレートを高く設定して国際金融センターの役割を担うことによってもたらされるのではなく，ハードルレートを低く設定して国内の失業を減らすことによってもたらされるということでした[11]。

　IMF，World Bankなど戦後世界の形成に貢献したケインズは，1946年4月21日，ながらく安息の地としていたファール・ビーコンにて亡くなりました。『一般理論』の刊行からわずか10年後のことでした[12]。

9）塩野谷訳（1967, p.190）に「過去においては，全体としての経済体系の複雑さを痛感していた人々は，特殊な人為の策を避けて，自由放任に傾く傾向があった。ケインズは，体系が入り組んだものであって，特殊な干渉はさまざまな効果をもたらすものであるにしても改善は可能であると信じて，人為の策の採用を唱導する勇気をもっていた」とあり，塩野谷訳（1967, p.222）に「われわれは，彼の生命の中心にあった強固な，妥協をゆるさない個人主義と計画への彼の熱烈な信念とを，どうすれば調和的に理解することができるであろうか。彼は表面上矛盾と思われるものを解決したであろうか――これは少なからず興味ある問題である。なぜなら，その解決に成功することは，われわれの知っている種類の文明の維持のための必要条件であるといっていいからである。ケインズの経済学上の著作のなかに，このディレンマに対する彼の解決が見いだされる」とある。

10）則武・片山訳（1994）の第2章，三木谷・山上訳（2010）の第2章を参照。

11）間宮訳（2009, pp.137-138）に「歴史上，一国の利益を隣国の利益と相反させるのに，国際金本位制（あるいは，それ以前の銀本位制）ほど有効な方式は存在しなかった。というのは，国際金本位制は一国の繁栄を競争的な販路獲得と競争的な貴金属への渇望とに直接依存せしめたからである」とある。間宮訳（2009, p.121）に「この誤った理論の影響下でロンドンのシティは，均衡を維持するために，想像しうるかぎりでの最も危険な手法，すなわち銀行割引率（バンク・レート）を固定的な外国為替相場に連結させる〔外国為替相場を維持するために銀行割引率を変化させる〕という手法を徐々に編み出していった。つまり，国内利子率を完全雇用と見合う水準に維持するという目標は完全に放擲されたのである」とある。塩野谷訳（1967, p.669），小泉・長澤訳（2001, pp.194-196），間宮訳（2008, p.284）も参照。

12）石川・島村訳（2001, pp.128-129）に，ブレトン・ウッズの最終協定案承認を提案するケインズの演説が収録されている。以下はその一部である。「われわれはここブレトン・ウッズにおいて，この最終協定のなかに具体化されているところよりも，おそらく一層重要なことを成し遂げました。われわれは，四四カ国が相集い力をあわせて，親密でなにものにも破られない調和を保ちつつ，建設的な仕事をなすことができることを，目のあたりに示したのであり

補論 1 ケインズの経済学

　ケインズ以前の経済学は，複式簿記がない単式簿記の世界観，債権と債務の関係がない物権のみの世界観をもとに形作られていました。複式簿記がない，債権と債務の関係がないということは，他者と取引がないことを意味します。取引がないのでマネーは存在しません。マネーがないのでハードルレートがどのように決まるのか，考えることができません[13]。失業は孤島に一人住むロビンソン・クルーソーの休暇として扱われ，貯蓄は貯め置かれる木の実とみなされます。このことを，ケインズは次のように記しています。

　「古典派の結論は，生産活動の結果として人々が消費しまた留保する所得が実のところはもっぱらその活動の生産物そのものであるような，交換のない，ロビンソン・クルーソー経済のような経済を，誤った類推によってわれわれが現実に生きている経済にあてはめたものかもしれない」[14]

　豊富な実務経験を持つケインズは，経済が債権と債務の脆弱なネットワークであることを見抜いていました。ケインズの経済学がマネーの経済学といわれるのはこのためです。ケインズの経済学は，基本設計の段階からこれまでの経済学とはまったく異なります。マネーと失業について理解するには，ケインズの経済学をひもとくよりほかありません[15]。

ます。それができると信じた人はほとんどありませんでした。もしも，われわれがこの限られた仕事において初めてなしてきたところを，さらに一層大きな仕事に受け継ぐことができるならば，世界の前途には大きな希望があるといいうるでありましょう」。

13) 間宮訳（2008, p.251）の図を参照。

14) 間宮訳（2008, p.31）から引用。清水他訳（2016, p.137）に「正統派理論は失業や景気循環のような問題，あるいは，日常生活における日々の問題には実際まったく適用できないのである。それにもかかわらず，それはしばしば，実際にそのような問題に応用されている」とある。また，間宮訳（2008, p.269）に「リカードは，経験世界からはるかかけ離れた仮想の世界に遊びながら，あたかもそれが経験世界であるかのように思わせ，その世界に首尾一貫して住んでみせるという，凡庸な精神にはまねのできない，比類なき知的離れわざを演ってのけた。これが後継者たちになると，たいていは常識というものが入り込んで来て，論理的一貫性を台無しにしてしまうのである」とある。

15) Moggridge ed.（2013, pp.408-411）を参照。

補論2　財政政策

　ケインズは，金融緩和の効果が小さいとき財政政策を採るべきだと述べています。

　「大蔵省が古瓶に紙幣をいっぱい詰めて廃坑の適当な深さのところに埋め，その穴を町のごみ屑で地表まで塞いでおくとする。そして百戦錬磨の自由放任の原理にのっとる民間企業に紙幣をふたたび掘り起こさせるものとしよう（もちろん採掘権は紙幣産出区域の賃借権を入札に掛けることによって獲得される）。そうすればこれ以上の失業は起こらなくてすむし，またそのおかげで，社会の実質所得と，そしてまたその資本という富は，おそらくいまよりかなり大きくなっているだろう」[16]

　これを曲解して「穴を掘って埋める無駄を勧めるのがケインズ」などという人もいますが，彼の真意は「資本が蓄積された先進国を長期停滞から救うことは難しい。中央銀行が量的緩和を実施しても，そこに適切な仕事がつかないと行き詰る」ということにあります。先進国に忍び寄る長期停滞の影を振り払うために，コロナショックのような経済危機を乗り越えるために，財政の力は不可欠です。

　ケインズは学生時代に文学や論理学に親しんでいたことから，説得のレトリックを多用しました。マネー外生説を信ずる当時の主流派経済学者には「流動性選好」を，財政均衡を至上命題とする英国大蔵省には「乗数効果」を，労働組合の運動に悩む企業経営者には「実質賃金低下」を，労働者には「多くの仕事」をもって説得にあたりました。さらに，目もくらむような格差社会にあって，利子生活者の収入を減らす形で大不況から抜け出せるというのは，民族派の右翼から共産主義の左翼まで解毒し糾合するできすぎたレトリックです。

　ケインズは，多様な人々の思いを否定せず，それぞれの立場の人たちが納得するロジックを1つの体系にまとめあげるという離れ技を成し遂げました。『一般理論』は，粉々に分断されゆく社会を再統合する妙薬なのです[17]。

---

16) 間宮訳（2008, p.179）から引用。有名なピラミッドの比喩は間宮訳（2008, pp.177-182）を参照。間宮訳（2009, pp.186-187）に「最適な投資率を決定するうえで，銀行政策の利子率に対する影響力はただそれだけでは十分であるとは思われない。それゆえ私は，完全雇用に近い状態を確保するには投資を多少なりとも包括的な形で社会化するより他に途はないと考えている。とはいえ，公共当局が民間の創意工夫を活かそうとして行う妥協と工夫をことごとく排除してしまう必要はない」とある。

参考文献

【和書】

・佐々木浩二『ファイナンス ─資金の流れから経済を読み解く─』創成社，2016年。
・美濃口武雄『ケインズの貨幣供給論：内生説と外生説』一橋論叢，96，5，547-562，1986年。

【訳書】

・Harrod, Roy Forbes著，塩野谷九十九訳『ケインズ伝』上巻，東洋経済新報社，1967年。
・Harrod, Roy Forbes著，塩野谷九十九訳『ケインズ伝』下巻，東洋経済新報社，1967年。
・Johnson, Elizabeth編，三木谷良一・山上宏人訳『インドとケンブリッジ ─1906〜14年の諸活動─』ケインズ全集第15巻，東洋経済新報社，2010年。
・Keynes, John Maynard著，則武保夫・片山貞雄訳『インドの通貨と金融』ケインズ全集第1巻，東洋経済新報社，1994年。
・Keynes, John Maynard著，小泉明・長澤惟恭訳『貨幣論I 貨幣の純粋理論』ケインズ全集第5巻，東洋経済新報社，2001年。
・Keynes, John Maynard著，長澤惟恭訳『貨幣論II 貨幣の応用理論』ケインズ全集第6巻，東洋経済新報社，2001年。
・Keynes, John Maynard著，間宮陽介訳『雇用，利子および貨幣の一般理論』上巻，岩波書店，2008年。
・Keynes, John Maynard著，間宮陽介訳『雇用，利子および貨幣の一般理論』下巻，岩波書店，2009年。
・Marshall, Alfred著，永澤越郎訳『経済学原理』第1分冊，岩波ブックサービスセンター，1997年。
・Moggridge, Donald Edward編，石川健一・島村高嘉訳『戦後世界の形成 ─ブレトン・ウッズと賠償─1941〜46年の諸活動─』ケインズ全集第26巻，東洋経済新報社，2001年。
・Moggridge, Donald Edward編，清水啓典・柿原和夫・細谷圭訳『一般理論とその後 第II部 弁護と発展』ケインズ全集第14巻，東洋経済新報社，2016年。

【洋書】

・Moggridge, Donald Edward, ed., 2013, The General Theory and After: Part I Preparation, in The Collected Writings of John Maynard Keynes, Vol. XIII, Cambridge University Press.

 Further Reading

・岩本武和『ケインズと世界経済』岩波書店，1999年。
・加藤三郎・西村閑也訳『マクミラン委員会報告書』日本経済評論社，1985年。
・金井雄一『ポンドの苦闘』名古屋大学出版会，2004年。
・金融調査研究会『新次元の金融政策のあり方』全国銀行協会，2017年。
・西村閑也訳『マクミラン委員会証言録』日本経済評論社，1985年。
・宮野谷篤『日本銀行の金融調節の枠組み』日本銀行金融市場局ワーキングペーパーシリーズ，2000-J-3，2000年。
・Lerner, Abba Ptachya, 1952, The Essential Properties of Interest and Money, Quarterly Journal of Economics, 66, 2, 172-193.

---

17) 永澤訳（1997, p.18）に「両極の中間に大部分の経済学者は位置している」とある。今まさに日本国民が，そして世界の人々が，求めているのは分断ではなく糾合である。

第3部

ケインズの議論

・・・・・・・・・・・・・・・・・・・・・・・・・・・・・・・・・・・

「ケインズの考えが広く受け入れられているにもかかわらず，彼は過去においても現在においても論争の中心人物となっている」（Dillard, Dudley著, 岡本好弘訳『J.M.ケインズの経済学 ―貨幣経済の理論―』東洋経済新報社, 1997年, p.xx）

「いま吹き荒れている経済の嵐によって，賢明で公正で良い目標へと経済活動の方向を変える絶好の機会が訪れている。このような未来への案内役として，ケインズはかけがえのない思想家である」（Skidelsky, Robert著, 山岡洋一訳『何がケインズを復活させたのか？　ポスト市場原理主義の経済学』日本経済新聞出版社, 2010年, p.8）

"In economics you cannot *convict* your opponent of error; you can only *convince* him of it. And, even if you are right, you cannot convince him, if there is a defect in your own powers of persuasion and exposition or if his head is already so filled with contrary notions that he cannot catch the clues to your thought which you are trying to throw him." (Moggridge, Donald, ed., 2013, The Collected Writings of John Maynard Keynes, XIII The General Theory of and After: Part I, Preparation, Cambridge University Press, p.470)

—— 第11章 ——

物価と雇用

　金融を緩和すると雇用量が増えることを第2部で学びました。本章では物価，賃金，雇用量の関係について学びます[1]。

　物価とはモノ一般の価格水準です。図表11－1は一群の商品の物価を表しています。図の上段のように，昨年1万円で買えた商品群を今年買うのに2万円かかるのであれば，物価は1年で倍増したことになります。図の下段のように，昨年1万円で買えた商品群を今年買うのに5千円ですむのであれば，物価は1年で半減したことになります。

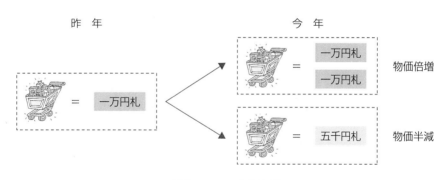

図表11－1　物価変動

　物価は指数で表されます。指数とは基準時点との違いを指し示す数です。次ページの図表11－2は，ある商品群を基準時点で買うために払う金額を100という指数で表しています。おなじ商品群を計測時点で買うために払う金額が基準時点より10ポイント多いのであれば，計測時点の物価指数は110となります。計測時点で払う金額が基準時点より10ポイント少ないのであれば，計測時点の物価指数は90となります。

1）間宮訳（2008, p.45）に「消費性向の分析，資本の限界効率の定義，利子率の理論は，われわれの現在の知識にぽっかり空いた三つの主要な空隙であり，その空隙を埋めてやる必要がある。それが成し遂げられたとき，物価の理論はわれわれの一般理論にとっては補助的問題であるというそれ本来の場所に落ち着くことになろう」とある。

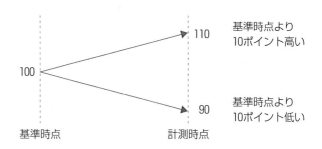

図表11－2　物価指数[2]

　図表11－3は代表的な物価指数を購入者と購入されるモノを基準に分類しています。私たち消費者が購入する財貨とサービスの価格を指数化したものを消費者物価指数といいます[3]。企業が購入するモノのうち，財貨の価格を指数化したものを企業物価指数，サービスの価格を指数化したものを企業向けサービス価格指数といいます。

		購入者	
		消費者	企業
モ　ノ	財　貨	消費者物価指数	企業物価指数
	サービス		企業向けサービス価格指数

図表11－3　代表的な物価指数

❶ 消費者物価指数

　ここでは，消費者物価指数の作成手順をてみじかに紹介します。

◇調査対象品目

　消費者が買うモノは多様ですが，それらすべての価格を調べることは手間の面からも，費用の面からも困難です。そこで対象を「家計の消費支出の中で重要度が高」く，「価格変動の面で代表性があ」り，「継続調査が可能である」585品目に絞って価格を調べています。585品目のうち444品目は財貨であり，141品目はサービスです[4]。

2）小泉・長澤訳（2001, pp.53-54）に「ある型の支出を代表する合成商品の価格を，われわれは物価水準と呼ぶことにし，そしてある所与の物価水準の変化を示す数の系列を〔物価〕指数と呼ぶことにしよう」とある。総務省，統計委員会に対する諮問第24も参照。

3）小泉・長澤訳（2001, p.54）に「貨幣の購買力は，一単位の貨幣で買えるこのような財貨および用役の量によって測定されるが，その場合それらは，その消費の対象としての重要さにしたがって加重されるのであって，これに該当する指数は時おり消費〔物価〕指数（consumption index）と名づけられている型のものである」とある。

◇対象品目の価格

　調査対象品目の多くは全国で売られている定番商品ですが，おなじ時期に調べても地域によって，店舗によって価格が異なることがあります。そこで，各地の各店舗の価格を平均して調査時点の価格としています[5]。

◇対象品目のウエイト

　ウエイトとは品目の重要度を表す数値です。ウエイトは支出額をもとに設定されます。支出額が多い品目には高いウエイトを，支出額が少ない品目には低いウエイトを与えます。たとえば，支出額が多い携帯の通信料には230というウエイトを，支出額が少ない紅茶には3というウエイトを与えます。585品目のウエイトを合計すると10,000になります[6]。

◇指数の算出

　585品目の価格とウエイトを下式に代入して消費者物価指数を算出します。式中の $p_1, p_2, \cdots, p_{585}$ と $w_1, w_2, \cdots, w_{585}$ は，品目それぞれの価格とウエイトです。{ }の中は基準となる2015年と計測時点との価格比の加重平均です。計測時点が2015年であるとき585品目の価格比はすべて1になり，{ }内の値は1となります。よって，2015年の消費者物価指数は100となります[7]。計測時点が2015年から離れると各品目の価格比は1から離れます。それにともない消費者物価指数の値も100から離れます。

$$CPI_{計測時点} = \left\{ \frac{1}{10000}\left(w_1 \times \frac{p_{1,\,計測時点}}{p_{1,\,2015年}} + w_2 \times \frac{p_{2,\,計測時点}}{p_{2,\,2015年}} + \cdots + w_{585} \times \frac{p_{585,\,計測時点}}{p_{585,\,2015年}} \right) \right\} \times 100$$

　私たちは，商品群を買うために払う金額を映す物価指数の水準よりも，商品群を買うために払う金額の増減を映す物価指数の変動により高い関心があります[8]。消費者物価指数の変動は変化率によって表されます。変化率は次式から算出されます。式中，CPI の添え字 t と $t-1$ は，消費者物価指数の計測時点を表します。

4）「」内は総務省統計局（2020, p.2）から引用。小泉・長澤訳（2001, p.58）に「包括的な指数を作成することは非常に複雑な事柄であろうから，われわれは実際には，全体の消費のうちの大きな，そして代表的な部分を含んでいる指数で満足すべきであろう」とある。

5）この方法では，商品のサイズを小さくして値段を据え置く事実上の値上げ（ステルス値上げ，シュリンクフレーションなどといわれる）をうまく捉えられないことに留意する。

6）総務省統計局，家計調査（二人以上の世帯，2015年）によれば，1世帯当たりの年間支出額3,448,482円のうち携帯（移動電話）の通信への支出額は111,013円，紅茶への支出額は734円であった。ウエイトはその総計3,139,338,474を1万分比換算して用いる。

7）分母は2015年の平均価格であり，分子は2015年の各月の価格である。よって，2015年平均の物価指数は100であるが，2015年の各月の物価指数は100ではない。

8）International Labour Office et al.（2004, p.1）に "A price index is a measure of the proportionate, or percentage, changes in a set of prices over time" とある。

$$CPI \, 変化率_t = \frac{CPI_t - CPI_{t-1}}{CPI_{t-1}} \times 100$$

　図表11−4は消費者物価指数の変化率を表しています。変化率が前後の年より高いのは，第1次石油ショックの1974年，第2次石油ショックの1980年，バブル期の1980年代後半から1990年代はじめ，消費税率が5％へ引上げられた1997年，ガソリン価格が高騰した2008年，消費税率が8％へ引上げられた2014年です。2000年代は多くの年で変化率がマイナスでした。

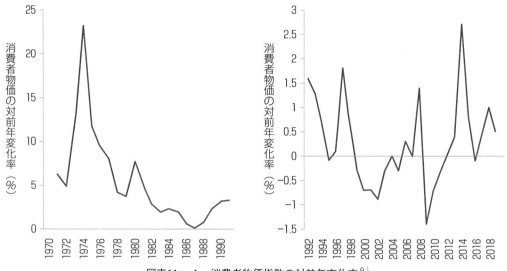

図表11−4　消費者物価指数の対前年変化率[9]

2 　物価，賃金，雇用量

　図表11−5の左図は雇用量の変化率と消費者物価指数の変化率との関係を表しています。第1次石油ショックの影響を受けた1974年と1975年を除くと，雇用量の変化率が高いとき消費者物価指数の変化率は高く，雇用量の変化率が低いとき消費者物価指数の変化率は低い傾向にあります。右図は雇用量の変化率と名目賃金指数の変化率の関係を表しています。1974年と1975年を除くと，雇用量の変化率が高いとき名目賃金指数の変化率は高く，雇用量の変化率が低いとき名目賃金指数の変化率は低い傾向にあります。雇用量の変化は，物価や名目賃金の変化と関係があるようです[10]。

───────────────

9）　総務省統計局，消費者物価指数からデータを取得し作成。2019年秋以降の物価変動は，消費税率引上げ，幼児教育と保育の無償化，GoToトラベル事業等に影響を受けている。詳細は内閣府（2020）を参照。

10）　間宮訳（2008, p.240）に「雇用が増加すれば，物価はある程度上昇するだろう。その程度は，一部は物的供給関数の形状に，また一部は貨幣表示の賃金単位が上昇する可能性にかかっている」とある。

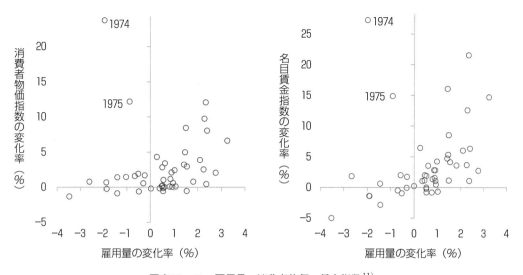

図表11－5　雇用量，消費者物価，賃金指数[11]

　図表11－5の左図にみられる雇用量と消費者物価の関係は何によって説明されるので
しょうか。消費者物価の上昇は，モノの価格が総じて上がることを意味します。モノの価
格は，生産が追いつかないほど売行きがよいときに上がります。このようなとき，企業は
雇用を増やし生産を拡大します。消費者物価の低下は，モノの価格が総じて下がることを
意味します。モノの価格は，売行きが悪く在庫が積み上がりそうなときに下がります。こ
のようなとき，企業は雇用を減らし生産を縮小します。雇用量と物価は景気によって結び
つけられます。

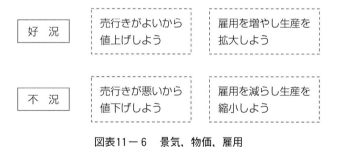

図表11－6　景気，物価，雇用

　図表11－5の右図にみられる雇用量と賃金の関係は何によって説明されるのでしょうか。
好況期に労働市場は売り手市場になります。売り手市場とは，労働力を供給する求職者の
立場が強い状況のことです。売り手市場のときに企業が雇用を増やすには，求職者によい
条件を提示しなければなりません。提示する条件が他社と比べて見劣りすれば，求職者は

11）厚生労働省，毎月勤労統計調査，総務省統計局，消費者物価指数，内閣府経済社会総合研究所，
　　国民経済計算，OECD，StatExtractsからデータを取得し作成。

他社に流れてしまいます。したがって，好況期に賃金は上がります。一方，不況期に労働市場は買い手市場になります。買い手市場とは，労働力を雇用する企業の立場が強い状況のことです。買い手市場のときに求職者が職を得るには，ある程度低い条件を受入れなければなりません。低い条件を受入れなければ，ほかの求職者に先を越されてしまいます。したがって，不況期に賃金は下がります。雇用量と賃金は景気によって結びつけられます。

図表11－7　景気，賃金，雇用[12]

　図表11－8の左図は完全失業率と消費者物価指数の変化率との関係を表しています。失業率が高いとき消費者物価指数の変化率は低く，失業率が低いとき消費者物価指数の変化率は高い傾向にあります。1973年から1975年は第１次石油ショックの時期です。右図は完全失業率と名目賃金指数の変化率の関係を表しています。1973年から1975年にかけて賃金は大幅に上昇しました。この時期の失業率は１％ほどで推移し，事実上の完全雇用が達成されていました。よって，物価上昇をともなう不況期とみるより，真性インフレーションから通常の経済状態への過渡期とみたほうがよさそうです。真性インフレーションとは，金融緩和を推し進めても賃金が上がるだけで雇用は増えない状態のことです。この状態から抜け出すには金融を引締めなければなりません。金融を引締めると，ハードルレートは上がり，有効需要は減り，雇用は減り，失業率は高まります[13]。

---

12) 厚生労働省,令和元年賃金引上げ等の実態に関する調査,付表６によると，賃金改定を予定している会社が最も重視したのは「企業の業績」であった。「企業の業績」の回答比率は低下傾向にあり，代わって「労働力の確保・定着」の比率が高まってきている。公共職業安定所が公表する求人募集賃金・求職者希望賃金情報も参照。

13) 間宮訳（2009,p.71）に「有効需要がさらに増加しても産出量はもはや増加せず，その全体が有効需要の増加と完全に比例して費用単位を増加させるために費やされるとき，われわれは真性インフレーションと呼ぶのがふさわしい状態に到達したことになる」とあり，間宮訳（2009,p.56）に「完全雇用に必要とされる水準以下への有効需要の収縮は物価とともに雇用を低下させるのに対し，この水準を超える有効需要の拡大は物価に影響を及ぼすだけ」である，とある。間宮訳（2009,pp.71-73），Moggridge ed.（2013,p.462），宮崎・中内訳（2005）所収の「戦費調達論」も参照。賃金は有効需要の源である。供給過剰の先進国で賃金上昇を抑制するのは，上策ではなく下策である。

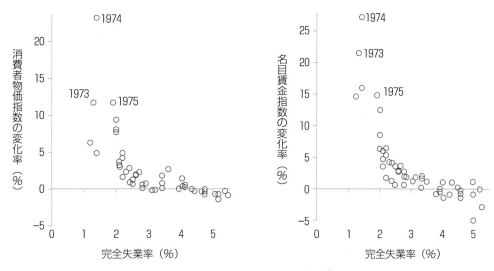

図表11−8 フィリップス曲線[14]

③ 日本銀行の目標

　ここまでで，物価と雇用はトレードオフの関係にあることがわかりました[15]。雇用を増やそうとすれば物価は上がってしまいますし，物価の上昇を抑えようとすれば雇用は減ってしまいます。政府は雇用を増やすことに力を注ぐ傾向にありますので，バランスをとるために，日本銀行は物価の安定に軸足を置いて政策を運営しています[16]。このことは，日本銀行のホームページに「日本銀行は，物価の安定と金融システムの安定を目的とする，日本の中央銀行です」と記されていることからわかります。

　では，物価の安定とはどのような経済状態なのでしょうか。これについて日本銀行は，「家計や企業等の様々な経済主体が物価水準の変動に煩わされることなく，消費や投資などの経済活動にかかる意思決定を行うことができる状況」であると定義しています。そし

---

14) 厚生労働省，毎月勤労統計調査，総務省統計局，消費者物価指数，総務省統計局，労働力調査からデータを取得し作成。Phillips（1958）が提示した右図をフィリップス曲線という。Phillips氏の数奇な運命についてはSleeman（2011）を参照。マネー外生という事実誤認は貨幣錯覚というアドホックな仮定を招き入れている。

15) 長澤訳（2001, p.225）に「一つの任務の完全な達成は，時として他の任務の完全な達成と両立し難いのであるから，銀行組織の管理者は，どちらの目的を優先させるかを決意し，あるいは，どちらも他に優先させるわけにはいかないのであれば，二つのものの間での正しい妥協を達成することを，決意せざるをえない」とある。

16) 中内訳（2001, p.154）に「雇用の状態，生産の量，諸銀行の感ずる信用の実需，各種の投資に対する利子率，新資本発行高，通貨流通高，貿易統計，為替相場などをすべて考慮しなくてはならない。要点は，当局が駆使しうる政策手段をもって達成すべき目標は，物価の安定でなくてはならぬということである」とある。長澤訳（2001, pp.170-172）も参照。

て，「消費者物価の前年比上昇率で２％」となるよう政策を運営しています[17]。

　図表11－9でこの「目標」の達成率をみましょう。1971年から2019年の49年間に，消費者物価指数の対前年変化率が２％以下のプラスの領域にあったのは21年，２％を超えたのは17年，０を下回ったのは11年です。達成率は43％です。

　消費者物価の変化率が２％を超えるときと，消費者物価の変化率がマイナスであるときとでは，どちらが深刻なのでしょうか。消費者物価の変化率が高いとき，おなじ商品群を買うために払う金額は多くなり，消費者物価の変化率がマイナスであるとき，おなじ商品群を買うために払う金額は少なくなります。すると，消費者物価の変化率はプラスよりマイナスのほうがよいように思えます。しかし，消費者物価の変化率がプラスであっても買い物が楽になることがあり，消費者物価の変化率がマイナスであっても買い物が大変になることがあります。たとえば，消費者物価の変化率が＋５％であっても，同時期に給与が10％増えれば買い物は楽になります。消費者物価の変化率が－２％であっても，同時期に給与が５％減れば買い物は大変になります。

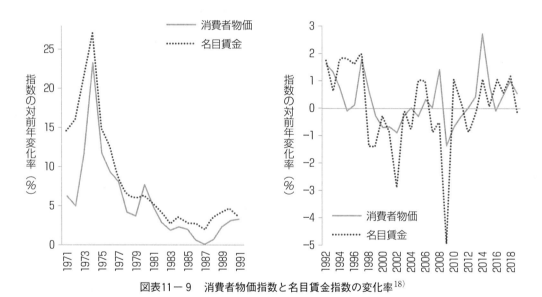

図表11－9　消費者物価指数と名目賃金指数の変化率[18]

17) 「」内は日本銀行，金融政策運営の枠組みのもとでの「物価安定の目標」について（2013年１月22日）から引用。「中長期的な物価安定の目途」について（2012年２月14日），「中長期的な物価安定の理解」の明確化（2009年12月18日）も参照。

18) 厚生労働省，毎月勤労統計調査，総務省統計局，消費者物価指数からデータを取得し作成。経済を名目で捉え，物価は賃金など関連指標とあわせてみるのが生産的と思われる。小泉・長澤訳（2001, p.280）に「銀行家は物価の引下げが比較的容易であることで過度に自信をもつようになり，そして最初のしかも最も容易な段階だけが達成されたにすぎないときに，仕事は既に終わったものと考え，そして彼らは次に失業と企業の損失の期間が長びき，それが産出物一単位当たりの〔生産要素の〕貨幣収入が新しい均衡に調整されるまで続くのに仰天する」とある。また，間宮訳（2009, p.14）に「賃金切り下げが人々のあいだに不満を引き起こ

　この点について図表11－9をみましょう。1971年から1991年の推移を表す左図をみると，消費者物価指数の変化率が賃金指数の変化率を上回っているのは1980年だけです。一方，1992年から2018年の推移を表す右図をみると，多くの年で消費者物価指数の変化率が賃金指数の変化率を上回っています。物価が上昇していた1990年代前半までより，物価が下落している1990年代後半からのほうが状況はきびしいようです。消費者物価指数が下落しつづけるデフレーションの時期には，物価下落を超える賃金下落が生じて生活は苦しくなるようです[19]。

　図表11－10は1995年から2018年の間に生じた雇用量と時給の変化を産業別に表しています。製造業と建設業の雇用量は大幅に減り，保健衛生・社会事業と専門・科学技術，業務支援サービスの雇用量は大幅に増えました。時給が上がる業種に雇用が移動すれば給与の総額は増え，賃金指数も上がるのですが，多くの雇用が移った保健衛生・社会事業（介護等）の時給はここ20年ほどのあいだに下がっています。

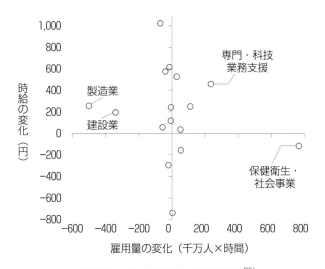

図表11－10　雇用量と時給の変化[20]

して政治的確信を損なうようなことにでもなれば，このことによる流動性選好の増大は〔所得・営業目的の現金需要の減少によって〕現実の流通から解放された現金をもってしても到底埋め合わせることはできないだろう」とある。長澤訳（2001, pp.192-193, pp.302-306），間宮訳（2009, pp.18-20），柿原訳（2019, p.119），Moggridge ed.（2013, pp.367-373）も参照。
19）間宮訳（2008）の第2章第2節に「貨幣賃金と実質賃金は逆方向に変化する」との主張がある。ダンロップはこれに対する反証を示し（Dunlop, 1938），ケインズはそれに応答した（Keynes, 1939）。この経緯については柿原（2019, pp.343-349）を参照。さらにDunlop（1948, 1998）も参照。
20）内閣府経済社会総合研究所，国民経済計算からデータを取得し作成。

補　論　実質GDPとGDPデフレーター

　実質GDPとは，消費者物価指数，企業物価指数，企業向けサービス価格指数などをもとに，名目GDPからモノの値動きの影響を取り除いて推計するGDPです。GDPデフレーターとは，名目GDPと実質GDPをもとに作成される物価指数です[21]。

　図表11−11の左図は名目GDPと実質GDPを表しています。名目GDPはほとんどの年で実質GDPより高い水準にあります。名目GDPが実質GDPより低い水準にあるのは1980年，1981年，2012年，2013年です[22]。理論上，名目GDPは計測年の物価と計測年の数量の積によって表され，実質GDPは参照年の物価と計測年の数量の積によって表されます。すると，名目GDPが実質GDPより高い年は参照年より物価が高い年であり，実質GDPが名目GDPより高い年は参照年より物価が低い年だということになります。右図はそれをみるためのグラフです。参照年である2011年より物価が低いのは，名目GDPが実質GDPより低い水準にある年だけであることが確かめられます。

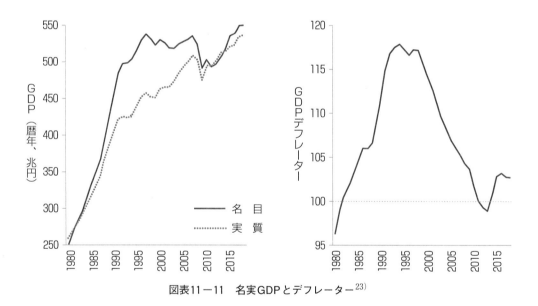

図表11−11　名実GDPとデフレーター[23]

　図表11−12の左図は名目GDPと実質GDPの対前年増加率を表しています。期間を①1981年から1994年，②1995年から2004年，②2005年から2018年（除：2009年）に分けます。平均増加率をみると，期間①については名目5.1%，実質3.6%，期間②については名目0.4%，実質1.3%，期間③については名目0.9%，実質1.3%でした。期間③の名目増加率は期間②より高いですが，期間①と比べるべくもありません。

21）GDPデフレーターの詳細は守屋（2017）を参照。
22）参照年である2011年の名実GDPは等しい。

　名目と実質の増加率を比べると，1999年以降，多くの年で実質が名目を上回っています。名目と実質の差は何を表すのでしょうか。図表11－12の右図はそれを説明するためのものです。図中，「名目－実質」とあるのは，GDPの名目増加率と実質増加率との差です。名目と実質の差はGDPデフレーターの増加率にほぼ等しいようです。

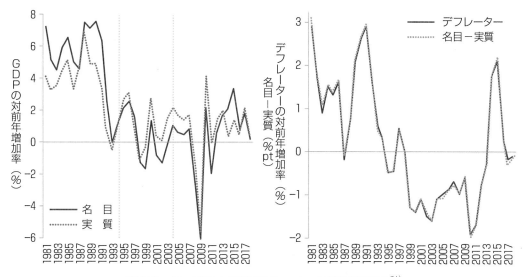

図表11－12　GDPとGDPデフレーターの対前年増加率[24]

　実質GDPはいくつかの点で取扱いに注意が必要です。ここでは加法整合性と三面等価の不成立を取り上げます。

　まず，加法整合性の問題をみます。支出側から計測するGDPは，最終消費支出，総資本形成，純輸出の和です。2018年暦年のそれぞれの実質値は

最終消費支出 ＝ 405兆8,852億円

総資本形成 ＝ 127兆5,778億円

純輸出（参考値）＝ －1兆5,376億円

　これらを合計すると531兆9,254億円になります。しかし，2018年の実質GDPの値は532兆6,135億円です。実質GDPを構成する要素の合計と実質GDPの値に6,881億円の開きがあります。構成要素の合計がGDPの値と等しくないとさまざまな不都合が生じます。たとえば，第6章で分析したGDPの増減と最終消費支出の増減との関係を表すグラフは，実質値を用いて作成することができません。第7章で分析した総資本形成についても，実質値においては構成要素の和が総資本形成の値と異なるので解釈が難しくなります。純輸

23）内閣府経済社会総合研究所，国民経済計算からデータを取得し作成。

24）内閣府経済社会総合研究所，国民経済計算からデータを取得し作成。

出については,「実質値が計算できません」[25]。輸出と輸入の実質値を別々に推計し,差額を参考値として公表しています。

つづいて三面等価の不成立について説明します。報道などで見聞きする実質GDPは支出側から推計したものです。それとは別に実質GDI（実質国内総所得）という統計があります。次式は実質GDP（支出側）と実質GDIの関係を表しています。実質値においては,理論上もGDPの三面等価が成立しません。

実質GDI ＝ 実質GDP（支出側）＋ 交易利得

2018年暦年の実質GDIは535兆3,747億円,実質GDPは532兆6,135億円,交易利得は2兆7,612億円でした。図表11－13の実線は交易利得を表しています。1994年から20兆円規模を維持してきた利得は2000年代半ばから減りました。2012年から2014年まで3年連続でマイナスを記録しました[26]。

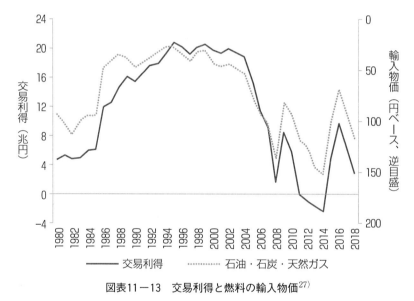

図表11－13　交易利得と燃料の輸入物価[27]

25) 内閣府経済社会総合研究所,連鎖方式に関するよくある質問から引用。

26) 交易利得の額と符号は参照年により変わる。たとえば,2010年の交易利得は2005年基準1993SNAで－11兆円,2011年基準2008SNAで6兆円である。この点解釈に留保を要する。

27) 内閣府経済社会総合研究所,国民経済計算,日本銀行,時系列統計データ検索サイトからデータを取得し作成。交易利得は2011年基準,輸入物価指数は2010年基準であることに留意する。交易条件については間宮訳（2009, pp.12-13),中村（1999）の第6章を参照。実質GDI＝実質GDP（分配側）＋不突合＋交易利得である（実質GDP（支出側）＝実質GDP（分配側）＋不突合)。不突合と交易条件を含む実質GDIの解釈は難しい。

　交易利得は理解しにくい統計ですが，図表に点線で表した石油・石炭・天然ガスの輸入物価と連動しています。燃料の輸入物価が低いとき交易利得は大きく，燃料の輸入物価が高いとき交易利得は小さくなります。交易利得は「燃料を輸入するのにかかる費用」と連動しています。

　実質GDPは理解と利用が難しい統計です[28]。

---

28) 間宮訳（2008, pp.55-56）に「今日の純産出量は一〇年前あるいは一年前よりも大きいが，物価水準のほうは低い，という言明は，ヴィクトリア女王はエリザベス女王よりも立派な女王であったが，いっそう幸福とはいえなかったという言明と選ぶところのない性格の命題である。このような命題が無意味というわけではないし，興味を欠くわけでもないが，それは微分計算の素材としては不向きである。このようななにやらぼんやりとした非数量的な概念を数量分析の基礎として用いようとすれば，われわれの正確さは見かけ倒しとなるであろう」とある。
　参考値である純輸出を含む実質GDPは参考値である。鈴木（2005），藤原・今井（2013），等に示される統計上の困難，費用積み上げ型付加価値の実質化の困難，所得支出勘定・資本調達勘定・ストック編との接続の容易さ等を考えると，名目GDPを用いて経済を分析するのが自然である。
　実質GDPは「過当競争による賃金の低下が経済厚生を高める」という主張を正当化しているように思える。大津留監訳（1994, p.330）は戦間期のブルガリア人を「スラヴ世界の日本人」と評しているが，今日の私たちは農機具の前近代性を勤勉さでカバーした当時のブルガリア農民と重なる。企業設備のビンテージについては経済産業省（2017）を参照。低い装備率については永澤訳（1997, p.212）を参照。
　当時の経済学における物価の位置づけについて，ケインズは次のように批評している。「経済学者がいわゆる価値の理論にかかずらっているあいだは，価格は需給条件によって支配されると説くのが彼らの習いである。とりわけそこでは，限界費用と短期供給の弾力性との変化が中心的な役割を演じてきた。しかし第二巻，もっとふつうには別の書物に入り，貨幣と物価の理論に転じると，これらの無骨だが理解できないことはない緒概念はもはやそこにはなく，われわれは，物価が，貨幣量，貨幣の所得速度，取引量に対する〔貨幣の〕流通速度，強制貯蓄による保蔵，インフレーションとデフレーション等々によって支配される世界に足を踏み入れる。そこでは，漠としたこれらの語句を以前の需要・供給の弾力性という概念と関連づける試みはほとんど，あるいは全くなされていない。われわれに説かれている教えを読み込みそれらを合理化しようとしたら，議論が比較的単純な場合には，供給の弾力性はゼロ，需要は貨幣量に比例していなければならないように思われる。一方，議論がもっと複雑になると，明瞭なものは何一つとしてなく，何が起こっても不思議ではない，朦朧とした靄の中に迷い込む」。「個々の産業や企業を研究対象としているあいだは，われわれは貨幣の重要な特性を問題にしなくてもすむ。だが，全体としての産出量と雇用を決めるものが何かという問題に移るやいなや，貨幣経済についての完全な理論が必要となる」（間宮訳，2009, pp.57-58）。
　信用創造を誤認しているために景気循環を記述できず，貯蓄を誤認しているために経済成長を記述できないのだとしたら，マクロ経済学に何が残るのだろうか。

参考文献

【和書】

・経済産業省『「生産性・供給システム革命」に向けて』2017年。

・鈴木英之『SNA産業連関表によるGDPデフレータ変動の要因分解』ESRI Discussion Paper Series, 130, 内閣府経済社会総合研究所, 2005年。

・総務省統計局『2015年基準 消費者物価指数の解説』2020年。

・内閣府『特殊要因を除いた消費者物価の動向について』今週の指標, 1248, 2020年。

・中村洋一『SNA統計入門』日本経済新聞社, 1999年。

・藤原裕行・今井玲子『GDPデフレーター（支出側と生産側）の不突合と推計方法の見直しに向けて』季刊国民経済計算, 152, 1-24, 2013年。

・守屋邦子『国民経済計算の2008SNA対応等におけるデフレーターの推計』季刊国民経済計算, 161, 49-88, 2017年。

【訳書】

・Keynes, John Maynard著, 中内恒夫訳『貨幣改革論』ケインズ全集第4巻, 東洋経済新報社, 2001年。

・Keynes, John Maynard著, 小泉明・長澤惟恭訳『貨幣論I 貨幣の純粋理論』ケインズ全集第5巻, 東洋経済新報社, 2001年。

・Keynes, John Maynard著, 長澤惟恭訳『貨幣論II 貨幣の応用理論』ケインズ全集第6巻, 東洋経済新報社, 2001年。

・Keynes, John Maynard著, 間宮陽介訳『雇用, 利子および貨幣の一般理論』上巻, 岩波書店, 2008年。

・Keynes, John Maynard著, 間宮陽介訳『雇用, 利子および貨幣の一般理論』下巻, 岩波書店, 2009年。

・Keynes, John Maynard著, 宮崎義一・中内恒夫訳『ケインズ 貨幣改革論 若き日の信条』中公クラシックス, 2005年。

・Marshall, Alfred著, 永澤越郎訳『経済学原理』第2分冊, 岩波ブックサービスセンター, 1997年。

・Moggridge, Donald Edward編, 柿原和夫訳『一般理論とその後 第13巻および第14巻への補遺』ケインズ全集第29巻, 東洋経済新報社, 2019年。

・Rothschild, Joseph著, 大津留厚監訳『大戦間期の東欧 ─民族国家の幻影─』刀水書房, 1994年。

【洋書】

・Dunlop, John Thomas, 1938, The Movement of Real and Money Wage Rates, Economic Journal, 48, 191, 413-434.

・Dunlop, John Thomas, 1948, The Demand and Supply Functions for Labor, American Economic Review, 38, 2, 340-350.

・Dunlop, John Thomas, 1998, Retrospectives: Real and Money Wage Rates, Journal of Economic Perspectives, 12, 2, 223-234.

・International Labour Office, International Monetary Fund, Organization for Economic Co-operation and Development, United Nation, Economic Commission for Europe, Eurostat, and The World Bank, 2004, Consumer Price Index Manual: Theory and Practice, International Labour Office.

・Keynes, John Maynard, 1939, Relative Movements of Real Wages and Output, Economic Journal, 49, 193, 34-51.

・Moggridge, Donald Edward, ed., 2013, The General Theory and After: Part I Preparation, in The Collected Writings of John Maynard Keynes, Vol. XIII, Cambridge University Press.

・Phillips, Alban William, 1958, The Relation between Unemployment and the Rate of Change of Money Wage Rates in the United Kingdom, 1861-1957, Economica, New Series, 25, 100, 283-299.
・Sleeman, Allan G., 2011, Retrospectives: The Phillips Curve: A Rushed Job?, Journal of Economic Perspectives, 25, 1, 223-238.

📖 Further Reading

・関根篤史・敦賀貴之『商品価格ショックがインフレに与える影響：クロスカントリー分析』ESRI Discussion Paper Series, 331, 2016年。
・伊達大樹・中島上智・西崎健司・大山慎介『米欧諸国におけるフィリップス曲線のフラット化 ―背景に関する３つの仮説―』日銀レビュー, 2016-J-7, 2016年。
・日本銀行調査統計局『企業向けサービス価格指数・2015基準改定結果 ―改定結果の概要と2015年基準指数の動向―』2019年。
・日本銀行調査統計局『企業物価指数・企業向けサービス価格指数におけるヘドニック法の見直し』調査論文, 日本銀行, 2020年。
・深尾京司・亀田泰佑・中村光太・難波了一・佐藤正弘『サービス産業におけるデフレーターと実質付加価値の計測』経済分析, 194, 9-44, 2017年（本文は英文）。
・前田章『GDP・物価の国際原油価格弾力性とその変遷』ESRI Discussion Paper Series, 142, 2005年。
・Borio, Claudio, Magdalena Erdem, Andrew Filardo, and Boris Hofmann, 2015, The Costs of Deflations: A Historical Perspective, BIS Quarterly Review, 31-54, Bank for International Settlements.
・Edgeworth, Francis Ysidro, 1888, Some New Methods of Measuring Variation in General Prices, Journal of the Royal Statistical Society, 51, 2, 346-368.
・Fisher, Irving, 1922, The Making of Index Numbers, A Study of Their Varieties, Tests, and Reliability, Houghton Mifflin Company.
・Keynes, John Maynard, and Nicholas Kaldor, 1937, Prof. Pigou on Money Wages in Relation to Unemployment, Economic Journal, 47, 188, 743-753.
・Rosenstein-Rodan, Paul Narcyz, 1936, The Coordination of the General Theories of Money and Price, Economica, New Series, 3, 11, 257-280.

────── 第12章 ──────

好況と不況

　日常会話の中で「景気がよい」とか「景気がわるい」と聞くことがありますが，景気とは何でしょうか。業績がよい会社に勤めていてボーナスをたくさんもらえる人は「景気がよい」と感じるでしょうし，業績が芳しくない会社に勤めていてボーナスをもらえない人は「景気がわるい」と感じるでしょう。景気とは，このように人々の心に映る経済の風景です。私たちは各人の景気を総合した日本国の景気に関心があります。本章では日本国の景気を表す指標を紹介します。

❶ 景況感の指標

　人々の景況感を総合した景気指標には，景気ウォッチャー調査や短観などがあります。以下これらについて説明します。

◇景気ウォッチャー調査

　全国各地で働いている2,050人の景気ウォッチャーに「街角の景況感」を尋ねる調査を景気ウォッチャー調査といいます[1]。内閣府が毎月25日から月末にかけて調査し，翌月上旬に結果を公表します。調査から公表までの期間が短く，現場の声が聞けることから注目される調査です。質問1，質問2，質問5の設問と回答の選択肢は次のとおりです[2]。

質問1　今月のあなたの身の回りの景気は，良いと思いますか，悪いと思いますか。
　　　　①良い　②やや良い　③どちらとも言えない　④やや悪い　⑤悪い
質問2　今月のあなたの身の回りの景気は，3か月前と比べて良くなっていると思いますか，悪くなっていると思いますか。
　　　　①良くなっている　②やや良くなっている　③変わらない
　　　　④やや悪くなっている　⑤悪くなっている

────────────────────

1）スーパーの店長，家電量販店店員，レストランスタッフ，タクシー運転手，鉄鋼業経営者，建設業従業員，人材派遣会社社員などが景気ウォッチャーに選定されている。
2）内閣府,景気ウォッチャー調査,調査票から引用。

質問5 今後2〜3か月先のあなたの身の回りの景気は，今月より良くなると思いますか，悪くなると思いますか。
①良くなる ②やや良くなる ③変わらない ④やや悪くなる ⑤悪くなる

　質問の回答を総合して算出する数値をDIといいます。ここでは質問2からDIを算出する手順を説明します。まず回答を選択肢ごとに集計します。図表12−1は2020年11月調査の回答を集計した表です。回答区分構成比は，各選択肢の回答者数を回答者総数で除して算出します。

	回答数（人）	構成比（%）
良くなっている	54	2.9
やや良くなっている	441	24.0
変わらない	701	38.2
やや悪くなっている	438	23.9
悪くなっている	200	10.9

図表12−1　質問2の集計結果[3]

　つづいて選択肢に点数を与えます。質問2では「良くなっている」に1，「やや良くなっている」に0.75，「変わらない」に0.5，「やや悪くなっている」に0.25，「悪くなっている」に0を与えます。この点数と回答区分構成比の積和がDIです。2020年10月のDIは次式から算出されます。計算結果を小数第2位で四捨五入して46.1というDIの値を得ます。

$$DI = 1 \times 2.9 + 0.75 \times 24.0 + 0.5 \times 38.2 + 0.25 \times 23.9 + 0 \times 10.9$$

　次ページ図表12−2の左図は質問2の回答区分構成比を表しています。身の回りの景気が「悪くなっている」という回答の構成比は，リーマンショックをきっかけに世界的な金融危機が生じた2008年秋から2009年春，東日本大震災が起きた2011年春，消費税率が8％へ引き上げられた2014年4月，消費税率が10％に引き上げられた2019年10月，コロナ禍に襲われた2020年に高くなっています。右図は質問2（現状 方向性）と質問5（先行き 方向性）の回答をもとに算出したDIを表しています。いずれのDIもリーマンショック期，東日本大震災期，2度の消費税率引き上げ期，そしてコロナショック期に落ち込んでいますが，短期間に回復しています。経済にショックが生じると街角の景況感は急速に悪化しますが，回復のテンポも速いようです。2020年11月調査の質問5（先行き 方向性）のDIは36.1です[4]。

────────────

3）内閣府，景気ウォッチャー調査からデータを取得し作成。有効回答客体は1,834人である。
4）2度目の緊急事態宣言が発出された2021年春は，経済の面でも大変厳しかった。

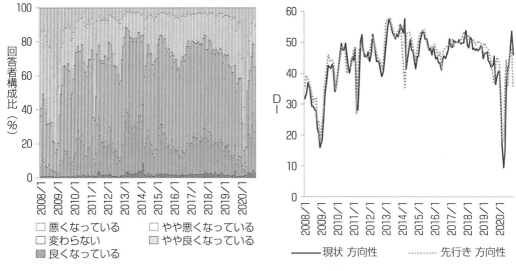

図表12－2　回答者構成比とDI[5]

　景気ウォッチャー調査は景気判断理由集という資料も提供しています。これは，景気ウォッチャーが景気を判断した理由を言葉で表したものです。以下は2020年11月調査において，南関東地域から寄せられた質問5の回答です。

・景気の先行きは「やや良くなる」と答えた百貨店の店長
　　「新型コロナウイルスと共生するライフスタイルが進行する。株価が高い水準で維持される。年末年始を挟むため，海外に出掛けない分，国内需要が高まることが予測される」
・景気の先行きは「やや悪くなる」と答えたレストランの経営者
　　「直接的，間接的に，新型コロナウイルスの影響が重くのし掛かっている。少し予約は入っているものの，少人数であり，例年のように年末の宴会での帳尻合わせができない」

　これらの声は現場の景況感を伝える貴重な資料です。

◇短　観
　資本金2千万円以上の民間企業おおよそ1万社に業況や業績を尋ねる「ビジネス・サーベイ」を短観といいます。日本銀行が3月，6月，9月，12月の年4回調査し，翌月までに結果を公表します。調査から公表までの期間が短く，調査対象企業が多いことから国内外で注目される調査です[6]。調査項目は判断項目と計数項目からなります。

5）内閣府，景気ウォッチャー調査から季節調整前のデータを取得し作成。
6）日本経済団体連合会（2004）を参照。

　判断項目とは企業の業況，商品の売行き，設備や人員の過不足などを問う項目です。た
とえば，企業の業況については「１良い　２さほど良くない　３悪い」の選択肢から，雇
用人員については「１過剰　２適正　３不足」の選択肢から回答します。

　判断項目の回答を総合して算出する数値をDIといいます。ここでは「(1) 貴社の業況」
からDIを算出する手順を説明します。図表12－3は2020年9月調査の回答を集計した表
です。DIは「良い」と答えた会社の構成比から「悪い」と答えた会社の構成比を引いて
算出します。2020年9月のDIは11から39を引いて得られる－28です。その他の判断項目
についても同様にDIを算出します。

	良　い	さほど良くない	悪　い
回答数（社）	1,042	4,734	3,693
構成比（％）	11	50	39

図表12－3　判断項目「(1) 貴社の業況」の回答[7]

　図表12－4は業況DIを表しています。最近の業況を表す最近DIは，景気ウォッチャー
調査のDIとおなじように，リーマンショック期，東日本大震災期，2度の消費税率引き
上げ期，コロナショック期に落ち込んでいます。2020年9月調査の先行きDIは－27で
す。2020年12月調査の最近DIがどこまで回復するか，注目されます。

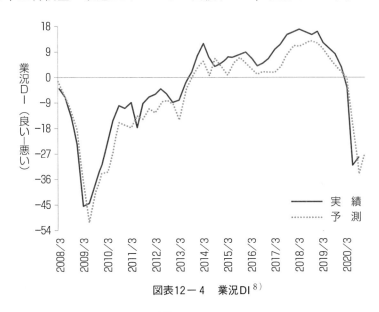

図表12－4　業況DI[8]

---

7 ）日本銀行，時系列統計データ検索サイトから全規模/全産業のデータを取得し作成。回答数は
　　有効回答社数（9,469社）と構成比から逆算した。
8 ）日本銀行，時系列統計データ検索サイトから全規模/全産業のデータを取得し作成。2004年3
　　月にデータの段差があることに留意する（日本銀行，全国短観（段差データ））。

　図表12－5の左図は国内需給DIと海外需給DIを表しています。国内需給DIと海外需給DIはともにマイナスの値をとりつづけてきました。これは，生産を減らさないと売れ残りが生じる状況がつづいてきたことを意味します。リーマンショックの後，一時的に東日本大震災の影響をこうむったものの，需給の改善がつづいてきました。しかし，2019年10月の消費税率引き上げに2020年のコロナショックが重なり，深刻な悪化に見舞われています。右図は生産設備DIと雇用人員DIを表しています。雇用人員DIは2013年3月調査からマイナス圏を推移し，生産設備DIは2014年3月調査から0近傍を推移してきました。しかし，2020年春のコロナショックによって人手不足感はほぼ消え，生産設備は不足から過剰に転じています。

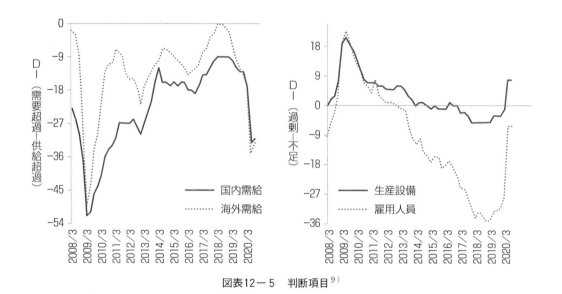

図表12－5　判断項目[9]

　計数項目は，業績の進捗を問う年度計画，新卒採用の状況を問う新卒者採用状況などからなります。計数項目の値は下式から算出される母集団推計値です[10]。

$$母集団推計値 = \frac{各区分の単純集計値}{各区分の回答社数} \times 各区分の母集団企業数$$

　2018年に出版した本書の第2版では，営業利益とソフトウェアを含む設備投資額の実額のグラフを掲げて分析しました。しかし，営業利益は2019年を最後に調査項目から外れ，ソフトウェアを含む設備投資額の実額は半期調査が取りやめられ，年度通期の調査だけが残りました。短観は速報性と信頼性を兼ね備えた調査ですので，調査項目が減ってし

9）日本銀行，時系列統計データ検索サイトから全規模/全産業のデータを取得し作成。
10）推計の詳細は日本銀行調査統計局（2020）を参照。

まったのは残念なことです[11]。

　図表12－6は計数項目の1つである新卒者採用を産業別に表しています。リーマンショックにより，採用者数は製造業，非製造業，金融業ともに減りました。その後，非製造業の採用者数は危機前の水準を超えて回復していますが，製造業と金融業は危機前の水準を回復するにとどまっているようです。コロナ禍が新卒採用にどれほど影響を与えるか，今後の調査結果に気を配らなくてはなりません。

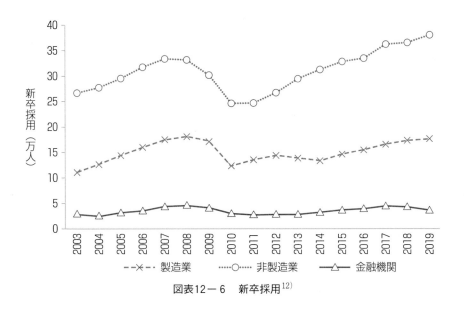

図表12－6　新卒採用[12]

2 景気循環

　景気ウォッチャー調査をみても短観をみても，経済活動は活発な時期がしばらくつづいた後停滞し，停滞の時期がしばらくつづいた後活発になることがわかります。こうした経済のサイクルを景気循環といいます[13]。次ページ図表12－7の左図は景気の拡張と後退を表します。景気循環の波が下降から上昇に転ずる点を景気の谷といい，上昇から下降に転ずる点を景気の山といいます。谷から山までの期間を景気拡張期，山から谷までの期間を

11）日本銀行調査統計局（2020）を参照。回答の負担を軽くするためと思われるが，物価見通しなど正確な回答を期すことが難しい項目を残しながら，数値に紛れのない計数項目を減らすことの是非については，利用者が判断すべきである。

12）日本銀行，時系列統計データ検索サイトからデータを取得し作成。

13）間宮訳（2008, p.351）に，経済「変動は，調子よく始まって，たいした極端に至らないうちに萎えしぼんでしまう。絶望するほどではないが満足のいくようなものでもない，その中間的状態こそがわれわれの正常な運命なのである。変動は極端に至る前に減衰しやがて向きを反転させがちであるという事実──この事実の上に規則正しい局面をもつ景気循環の理論が構築されてきた」とある。

景気後退期といいます。右図は景気循環を表しています。景気の谷から山を経て次の谷にいたるまでを景気の一循環ととらえます。

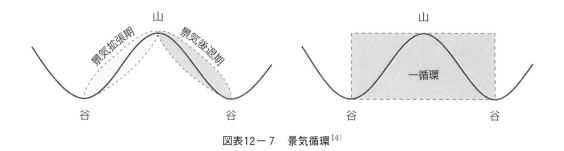

図表12－7　景気循環[14]

　図表12－8は景気の拡張期と後退期を月数で表しています。拡張期が長い循環から4つならべると，第14循環（73か月），第16循環（71か月），第6循環（57か月），第11循環（51か月）となります。第14循環にはいざなみ景気，第6循環にはいざなぎ景気，第11循環にはバブル景気という俗称がついています。後退期が長い循環から2つならべると，第9循環（36か月），第11循環（32か月）となります。これらは第2次石油ショック，バブル崩壊の時期です。

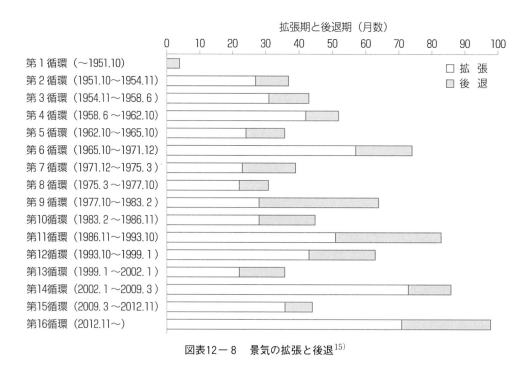

図表12－8　景気の拡張と後退[15]

14）内閣府経済社会総合研究所（2006, p.5）の図をもとに作成。
15）内閣府経済社会総合研究所，景気基準日付からデータを取得し作成。景気の山と谷を景気基準日付という。第16循環の山は令和2年7月30日の会議で暫定設定された。間宮訳（2009,

❸ 景気基準日付

　景気の山と谷は，景気動向指数をもとに，景気動向指数研究会が設定します。景気動向指数は，景気の動きをとらえる複数の経済統計を合成して作成する指数です。指数には，景気より先に動く11の経済統計を合成して作成する先行指数，景気と一致して動く10の経済統計を合成して作成する一致指数，景気に遅れて動く9の経済統計を合成して作成する遅行指数があります[16]。図表12－9は先行，一致，遅行のCIを表しています。図表にあらわれる景気の転換点は2008年2月の山，2009年3月の谷，2012年3月の山，2012年11月の谷，2018年10月の山です。今後，2020年5月が谷だと判定されることになりそうです。

　近年の景気基準日付には批判があります。図をみれば，2014年3月に山があり，2016年4月頃に谷があるのは明らかだからです。2018年10月に設定された山についても，一致CIがこの循環の最高点を記録した2017年12月を山とするのが自然です。景気基準日付の信頼性は著しく低下してしまいました。

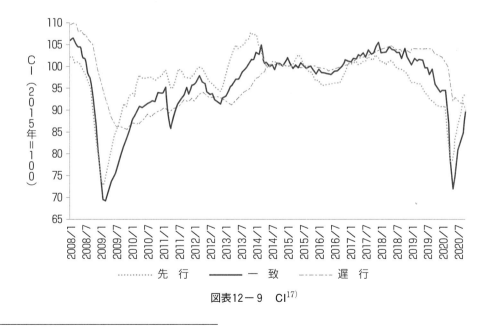

図表12－9　CI[17]

　　　p.87）に「上向運動が下向運動に転換するとき，その転換は往々にして突然にしかも激しい勢いで生じるという事実である。これが下向運動が上向運動に転換する場合だと，転換点はこれほど急激でないのがふつうである」とある。
16）内閣府経済社会総合研究所景気統計部（2018）を参照。
17）内閣府経済社会総合研究所，景気動向指数からデータを取得し作成。野田他訳（2014, p.196）に「極端に絶対的な君主制の国々においては，歴史家は真理を裏切る。なぜなら，彼らはそれを述べる自由をもっていないからである。極めて自由な国家において，歴史家はその有す

参考文献

【和書】

・内閣府経済社会総合研究所『景気動向指数の見方，使い方』2006年。
・内閣府経済社会総合研究所景気統計部『景気動向指数の採用系列変更について』2018年。
・日本銀行調査統計局『「短観（全国企業短期経済観測調査）」の解説』2020年。
・日本経済団体連合会『統計の利用拡大に向けて ─景気関連統計を中心として─』2004年。

【訳書】

・Keynes, John Maynard著，間宮陽介訳『雇用，利子および貨幣の一般理論』上巻，岩波書店，2008年。
・Keynes, John Maynard著，間宮陽介訳『雇用，利子および貨幣の一般理論』下巻，岩波書店，2009年。
・Montesquieu, Charles-Louis de Secondat, Baron de la Brède et de著，野田良之・稲本洋之助・上原行雄・田中治男・三辺博之・横田地弘訳『法の精神』中巻，岩波文庫，2014年。

Further Reading

・浦沢聡士『構造変化の下での景気循環の動向：「定型化された事実（Stylized facts）」の再検証』ESRI Discussion Paper, 341, 2017年。
・刈谷武昭『景気動向指数の見直しについて』景気動向指数研究会，第19回，資料3，2020年。
・小巻泰之『景気指標における人口動態の影響』経済分析，196，2017年。
・財務省理財局財政投融資総括課『リーマン・ショック後の経済金融危機における財政投融資の対応』2011年。
・内閣府『「CIによる景気の基調判断」の基準』2018年。
・内閣府『堺屋太一氏と「景気ウォッチャー調査」誕生秘話』2019年。
・内閣府経済社会総合研究所『景気動向指数の採用系列変更について』2018年。
・内閣府経済社会総合研究所景気統計部『「景気動向指数」におけるCIの基準年変更等について』2018年。
・内閣府経済社会総合研究所景気統計部『「景気動向指数」平成30年11月分改訂公表について』2019年。
・日本銀行調査統計局『短観調査対象企業の定例見直し』2018年。
・Bry, Gerhard, and Charlotte Boschan, 1971, Cyclical Analysis of Time Series: Selected Procedures and Computer Programs, NBER, New York.
・Stock, James Harold, and Mark W. Watson, 2010, Indicators for Dating Business Cycles: Cross-History Selection and Comparisons, American Economic Review, 100, 2, 16-19.
・Zarnowitz, Victor, 1963, On the Dating of Business Cycles, Journal of Business, 36, 2, 179-199.

　　る自由そのもののゆえに真理を裏切る。この自由は常に分裂を生み出すので，各人は，専制君主の奴隷となると同じほどに，自己の党派の偏見の奴隷となるのである」とある。

────── 第13章 ──────

ケインズ革命

　適切な政策によって完全雇用が達成されるとした『雇用，利子および貨幣の一般理論』は熱狂的に迎えられました。そのようすは，「35歳までの経済学者はすぐ『一般理論』のとりこになった。50歳以上の学者は熱狂に加わらなかったが，35歳から50歳までの学者は否応なく熱狂の渦に巻き込まれた」[1]と描写されるほどでした。「われわれはみなケインズ主義者である」[2]という言葉に象徴されるように，世界中の経済学者がケインズの理論を学び，資本主義国はこぞってケインズの政策を採用しました。本章では，革命といわれたケインズの経済学のうち，前章までに扱わなかった興味深い論点をいくつか紹介します[3]。

❶ 豊富の中の貧困

　ケインズは，生産資産の蓄積が進んだ豊かな国で有効需要を増やすことは難しいと述べています。次ページの図表13−1はそれを説明するためのものです。左図は生産資産の水準と生産資産の利益率との関係を表しています。利益率は次式から算出します。

$$利益率 = \frac{当暦年の営業余剰・混合所得（純）}{前暦年末の生産資産}$$

　生産資産が少ないとき利益率は高く，生産資産が多いとき利益率は低い傾向にあります。近年は生産資産が多く，利益率は低くなっています。ケインズは，生産資産が増えるにしたがい希少性は低下し，利益率は下がると述べています。ケインズの説明は現実に沿うようです[4]。

────────────────

1）Samuelson（1946, p.187）を意訳して引用。ホブソンはケインズに宛てた手紙の中で「貴方の大著をいま読み終えました。新古典派の理論と政策を完膚なく摘発しており，それが教科書の教えに深入りしすぎていない若手の経済学者に然るべき影響を及ぼすことを望みますし，及ぼすと予想もします」（柿原訳, 2019, p.251）と書いている。
2）Time, December 31, 1965, p.46を和訳して引用。
3）本章の序文は間宮訳（2008）の訳者序文をもとにした。

　図表13－1の右図は純固定資本形成と利益率の関係を表しています。純固定資本形成とは，総固定資本形成と固定資本減耗の差です[5]。1970年から1975年には利益率の低下が目立ち，1975年から1990年には純固定資本形成の増加が目立ちます。1990年以降は利益率と純固定資本形成がともに低下しています。2009年から2012年に純固定資本形成はマイナスでした。これは生産資産が4年つづけて減少したことを意味します[6]。生産設備が増えるにしたがい設備の希少性は低下し，利益率は低下します。すると，資本形成が停滞して雇用は増えにくくなります[7]。これを「豊富の中の貧困」[8]といいます。豊富の中の貧困を解消するには，経済発展の段階に見合うようにハードルレートを設定する必要があります[9]。

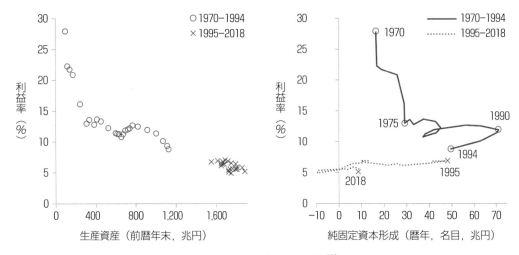

図表13－1　豊富の中の貧困[10]

4）間宮訳（2008, p.299）に「ある資産がその耐用期間を通して，全体としては初期の供給価格よりも大きな価値を持つ用役〔収益〕を生み出すと期待されるのは，ただひとえに，それが希少だからである。そしてそれが希少性を保持するのは，貨幣に対する利子率との相関関係においてである。資本の希少性が低減するならば，超過収益は，生産性の低下，少なくとも物理的意味における生産性の低下がなくても，減少するであろう」とある。

5）純固定資本形成については間宮訳（2008, pp.137-148），Keynes（1936）を参照。

6）間宮訳（2008, pp.146-147）に「あらゆる資本投資は，早晩，負の資本投資となる運命にある。したがって，新規の資本投資を，純所得と消費の開きを埋め合わせるに足るだけ負の資本投資をいつも上回った状態にしておくという問題は，資本が増加するにつれてますます厄介な問題となる」とあり，間宮訳（2008, p.240）に「利子率の低下は，他の条件が同じであれば，投資額を増加させると期待してよいが，もしも資本の限界効率表が利子率よりも速やかに低下しているならば，そのようなことは起こりはしないだろう。さらにまた，投資額の増加は他の条件が同じなら雇用を増加させると期待していいけれども，もし消費性向が低下しているとしたら，そのようなことは起こらないかもしれない」とある。

2 人口動態

　総務省統計局は，15歳未満の人口を年少人口，15歳以上65歳未満の人口を生産年齢人口，65歳以上の人口を老年人口に分類しています。図表13－2は年少人口，生産年齢人口，老年人口を表しています。生産年齢人口は1950年の4,966万人から1995年の8,726万人へ増え，その後減っています。年少人口は1954年の2,989万人が最多で，1970年代後半から1980年代前半にかけて2,700万人を超える時期があるものの，長期的な傾向としては減ってきています。老年人口は1950年の411万人から増えつづけています。

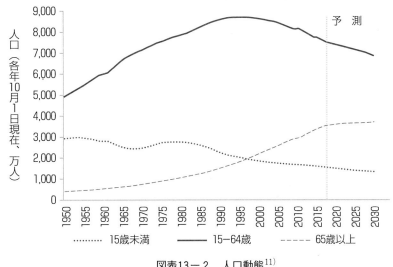

図表13－2　人口動態[11]

---

7) 間宮訳（2008, p.44）に「富裕な社会は，豊かな成員の貯蓄性向を貧しい成員の雇用と両立させようとするなら，もっと十分な投資機会を見つけ出さなくてはならない。社会が潜在能力の面で富裕であっても，投資誘因が弱ければ，有効需要の原理がはたらいて現実の産出量を減少させずにはおかず，最後には，その潜在的な富にもかかわらず，消費を上回る余剰が弱い投資誘因に見合う水準に減少するまで，貧しくなってしまう」とある。

8) 間宮訳（2008, p.44）から引用。Moggridge ed.（2013, pp.485-492），平井・立脇訳（1996, p.507），小峯・大槻訳（2016）の第3章を参照。

9) 間宮訳（2009, p.182）に「資本量の増加に応じて資本の限界効率表がどうなるか推測がつき〔おそらく下方にシフトするであろう〕，しかも完全雇用を多少なりとも継続的に維持していくことが実際に可能であるとしたら，利子率は〔資本量が増加するにつれて〕おそらく着実に低下していくものと思われる」とある。間宮訳（2008, pp.147-148, p.164）も参照。

10) 内閣府経済社会総合研究所, 国民経済計算からデータを取得し作成。

11) 総務省統計局, 人口推計, 国立社会保障・人口問題研究所, 日本の将来推計人口（平成29年推計）の出生中位（死亡中位）からデータを取得し作成。1971年以前のデータは沖縄県の人口を含まない。

　総資本形成の構成要素である住宅は，貸出金利と人口動態のどちらの影響をより強く受けるのでしょうか。図表13－3はそれを考えるためのグラフです。左図は住宅と住宅ローンの貸出金利との関係を表しています。1967年から1996年までは，1990年をピークとするバブル期を除いて，理論が想定する関係をみいだせます。1997年から2018年までは，理論が想定する関係をみいだせません。右図は住宅と生産年齢人口の関係を表しています。生産年齢人口が少ないとき住宅の水準は低く，生産年齢人口が多いとき住宅の水準は高い傾向にあります。生産年齢人口が7,516万人となった2018年の住宅の水準は，生産年齢人口が7,474万人であった1974年より6兆円高いものの，ピークの1996年から13兆円低くなっています。

　GDP統計では，住宅は貸家業を営むために建てられると想定されています。住宅のおもな借り手である現役世代が少なくなると，住宅の借り手をみつけにくくなります。これが住宅の限界効率を押し下げ，貸出金利が低下したにもかかわらず，住宅建設は減ったと考えられます[12]。

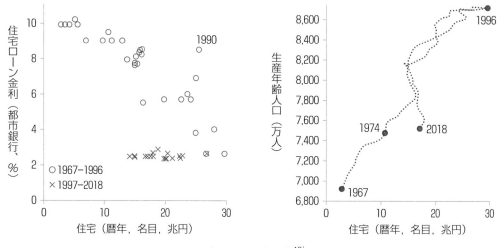

図表13－3　住　宅[13]

　一般政府とは，道路を敷いたり橋を架けたりする公共事業のことです。これらは公の事業ですので，資本の限界効率表の考え方にはなじみません。しかし，国債の利回りを国債投資家が設定するハードルレートとみなすことはできます[14]。一般政府は，国債利回りと

12）間宮訳（2008，p.180）に「住宅の価値はその効用に依存しているから，家が建造されるたびに，追加的な住宅建設から得られると期待される家賃は減少し，それゆえ利子率が歩調をそろえて低下するのでなければ，類似の投資を続けていく魅力はしだいに薄らいでいく」とある。
13）総務省統計局，人口推計，総務省統計局，日本の長期統計系列，内閣府経済社会総合研究所，国民経済計算，日本銀行，金融経済統計月報からデータを取得し作成。
14）間宮訳（2008，p.227）に「公共当局が借入金を返済するさいの利子率は，当局が実行しよう

人口動態のどちらの影響をより強く受けるのでしょうか。図表13－4はそれを考えるためのグラフです。左図は一般政府と国債利回りの関係を表しています。1972年から1996年まで理論が想定する関係をみいだせますが，1997年から2018年まで理論が想定する関係をみいだせません。右図は一般政府と生産年齢人口の関係を表しています。生産年齢人口が少ないとき一般政府の水準は低く，生産年齢人口が多いとき一般政府の水準は高い傾向にあります。生産年齢人口が7,516万人となった2018年の一般政府の水準は，生産年齢人口が7,474万人であった1974年より14兆円高いものの，ピークの1996年と比べると14兆円低くなっています。高齢化によって膨らむ年金，医療，介護の財源を確保するため，政府は公共投資を減らしてきました。

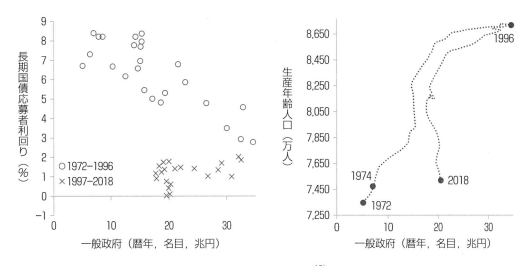

図表13－4　一般政府[15]

とする投資の規模を決定するさいには，やはり決定的な役割を演じる」とある。

15）総務省統計局，人口推計，総務省統計局，日本の長期統計系列，内閣府経済社会総合研究所，国民経済計算，日本銀行，金融経済統計月報からデータを取得し作成。

　清水他訳（2016, p.161）に「これまでは新資本への需要はそれぞれ同程度の力を持つ二つの源泉から生じていた。すなわち半分より少し少ない部分は増加する人口に対処するためであり，半分より少し多くは発明や改善の需要に対処するためであり，一人当たり産出量を増加させ，より高い生活水準を可能にするものである」とある。また，清水他訳（2016, p.162）に「われわれは今では，少なくともマルサスの悪魔程度には獰猛なもう一つの悪魔がそばにいることを知っているからである——すなわち，有効需要の崩壊から逃げ出した失業という悪魔である。おそらくこの悪魔もマルサスの悪魔と呼ぶことができよう。というのも，このことを最初にわれわれに教えてくれたのはマルサス自身だからである。というのは，若い時のマルサスが人口に関する事実を眼の当たりにして悩み，その問題の理論的説明を探し求めたのと同様に，後年のマルサスも失業という事実を眼の当たりにして悩み——他の世界への影響力ははるかに小さいものであったが——この問題についても理論的説明を探求していた

　図表13－5の左図は年少人口と老年人口の和に対する生産年齢人口の比率を表しています[16]。この比率は，子どもまたは高齢者１人を何人の現役世代で支えるのかを表します。たとえば，1950年の値1.48は，子どもまたは高齢者１人を1.48人の現役世代が支えることを意味します。近年は1992年の2.31から低下しています。子どもと高齢者を支える現役世代の負担が重くなってきています。右図は65歳以上の人口と社会保障給付費を表しています。高齢者の人口が増えるにしたがい，社会保障給付費は増えてきています。2019年度の社会保障給付費は，予算ベースで124兆円でした。

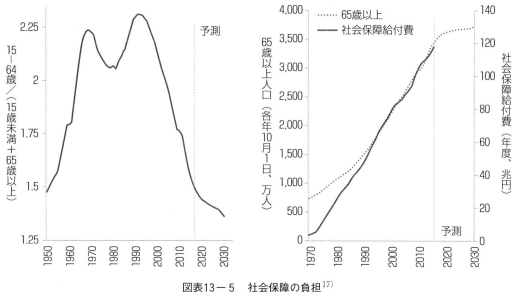

図表13－5　社会保障の負担[17]

❸　血　気

　日本経済にはいくつかの困難があります。本章では，生産資産が豊富なために資本の限界効率が低いこと，限界効率が低いために民間企業の国内での活動が停滞していること，現役世代が減ってきているために住宅投資や公共投資が減ってきていること，少子高齢化が進み現役世代の負担が重くなってきていることを説明しました。このような状況で失業

　　　からである」とある。さらに清水他訳（2016, p.164）に「定常的，あるいは緩やかな人口減少の場合には，必要な力と知恵をわれわれが発揮しさえすれば，生活水準をあるべきところまで上昇させることができる一方で，伝統的な生活設計のうち，それを失った場合のことを考えてみて，われわれがいま高く評価している部分を保ち続けることができる」とある。

16）総務省統計局，人口推計の従属人口指数の逆数である。2030年に値は1.36となる。
17）総務省統計局，人口推計，国立社会保障・人口問題研究所，社会保障費用統計，国立社会保障・人口問題研究所，日本の将来推計人口（平成29年推計）の出生中位（死亡中位）からデータを取得し作成。

を減らすにはどうすればよいのでしょうか。ケインズは次のように書いています。

　「企業が主として事業者本人，あるいは友人や仲間たちによって所有されていた頃には，投資は，血気盛んで，建設衝動に駆られた人間，事業に乗り出すことが生き方そのものだというような人間がいくらでもいたことに依存していたのであり，決して期待利潤の綿密な計算に依拠していたのではなかった。事業が最後にどのような結末を迎えるかは概して経営者の才覚と気骨の問題，それらが並より上か下かに支配された」[18]

　ケインズは，手品のような解決策を示すことはありませんでした。むしろ経済の本質にたちかえり，企業家と働き手に希少性の低下を乗り越える努力をするよう求めました。消費者には，付加価値を適切に評価するよう求めました。投資家と金融機関には，ハードルレートを適切な水準に設定するよう求めました。そして，経済の主役である民間経済主体が活動しやすい「ハーヴェイ・ロード六番地の既定観念」[19] を社会にもたらす努力をするよう中央銀行と政府に求めました[20]。

ひのもとのなりわい

　令和はじめてのお正月が明け，「さあ今年は東京オリンピックだ」という矢先，世界はコロナ禍に襲われました。私には，諸国の社会が持ち堪えられなかったのは理性の暴走が寄与するところ大であったように思えます[21]。

　経済学は「横のものを縦にする」輸入学問といわれます。ケインズの経済学のように日本の社会を佳きものにする学問はよく吟味して取り入れるべきですが，日本の伝統にあわない思想や，日本の社会を混乱に陥れる理論を無批判に輸入するのは愚かなことです[22]。

　独善的になってはいけませんが，「ひのもとのなりわい」としての経済学を提唱してよい時代が来ているような気がします[23]。

---

18) 間宮訳（2008, p.206）から引用。間宮訳（2008, pp.223-226）にも血気に関する記述がある。血気の現代的な解釈についてはKoppl（1991），Dow（2015）等を参照。

19) 塩野谷訳（1967, p.4）から引用。塩野谷訳（1967, p.212）に「ハーヴェイ・ロードの古い既定観念——安定したイギリス帝国と保証された物質的進歩——」とある。経済活動がしやすい安定した社会という意味であろう。

20) 下村（2009, p.14）に「十年後のわれわれの運命を決定するものは，現在におけるわれわれ自身の選択と決意であり，創造的努力のいかんである。この可能性を開拓し実現するものは，退嬰的・消極的な事なかれ主義ではなく，意欲的・創造的なたくましさである。日本国民の創造的能力を確信しつつ，自信をもって前進すべきときである」とある。

21) 理性によって過度に最適化された社会は赤子のひと押しで倒壊する。

22) 経済学者が "There is no intent to deceive because no one takes it seriously"（Romer, 2015, p.5）

補論1　責任の耐えられない軽さ

　平成の経済論争で表出した謬見と，経済の常識を対比する表を作りました。平成を生きた一人として，「暗黒時代を繰り返してはならない」と言い遺しておきます。政治・行政・学問にはびこる謬見を排さねばなりません。

謬　見	常　識
バブル経済を退治することは素晴らしい。	バブルを退治することは日本経済を退治することです。日本人を退治することです。愚かなことです。
清貧は素晴らしい。	「貧すれば鈍する」，「衣食足りて礼節を知る」です。
成熟国は成長しなくてよい。	ほぼすべての成熟国が成長しつづけています。
よいデフレは消費者の利益だ。	モノが安くなるとき，人件費も安くなります。貧しくなった人に買ってもらうために，さらに値下げせざるを得なくなります。負の連鎖が生じます。
消費増税で財政の「ワニの口」が閉じれば消費者に安心感が生まれる。	増税で購買力が減りました。プライマリーバランスではなく，完全雇用と経済成長を第1目標にすべきです。
国民を甘やかしてはならない。	特別な技能や知識がない人たち，社会的背景が弱い人たちの生活が成り立つようにするのが政治の役割です。
東日本大震災の復興は増税で賄うべきだ。	超長期国債で賄うのがセオリーです。
量的緩和でハイパーインフレになる。	物価は消費増税によってわずかに上がっただけでした。
国債残高が預金残高を超えると破綻する。	「国債残高が預金残高を超える」とはどのような状況でしょうか。お示しください。
コロナ不況を機に，体力のない中小企業を潰すべきだ。野焼きをすれば新芽が吹く。	私たちや中小企業は植物ではありません。ひとたび経済を焼け野原にすれば，二度と繁栄を取り戻せなくなります。
今こそ経済学の総力を結集してコロナの研究をすべきだ。	日頃「分業」「比較優位」と言っているのですから，医師に任せましょう。生兵法は大怪我の元です。
アイデンティティ・ポリティクスの時代だ。	政治は心の問題に介入してはいけません。分断する政治ではなく，国民を糾合する政治であるべきです。
ゴミ袋有料化は素晴らしい。	行政による過剰な介入は共産主義への第一歩です。
「もう一杯のシャンパンを」が最期の言葉であるケインズは軽薄だ。	完全雇用が永続する理想の社会では，各人大いに楽しむことが唯一の仕事になります。
ケインズの経済学は古い。	世界中で何十年も実践され，検証されてきた「枯れた古い理論」にこそ価値があります。
モデルの予測精度が低くても問題ない。	経済の仕組みを理解していないから精度が低いのです。

図表13－6　謬見と常識

　　と記すほど，近年の経済学は理論（Levin, 2006）と実証（山内, 2020）の問題を抱えている。こうしたものとケインズの経済学は全く異なる。本物と偽物は峻別すべきである。
23）ケインズの経済学を深く理解するため，また立憲君主国を象る思想を理解するためにホッブズやロックの著作を管見したが，日本の伝統・文化・思想との距離を感じざるをえない。

補論2　ネイティブ・ケインジアンの時代

少し長くなりますが『雇用，利子および貨幣の一般理論』の日本語訳への序文を掲げます。

「現代イングランドの経済学者をあまねく『経済学原理』で教化してきたアルフレッド・マーシャルは，彼の思想がリカードの思想を引き継いでいることを強調するのにことさら苦心した。彼の著作は，主として限界原理と代替原理をリカード学派の伝統に接木しようとするところに本質があった。ただし，産出を*所与*とした生産と分配の理論とは異なる，全体としての産出と消費の理論を切り分けて解説することは決してなかった。マーシャル自身そのような理論を必要と感じていたのか，私にはわからない。しかし，彼の直系の弟子や信奉者はその理論なしで済ませ，またそれが欠けているという感覚もなかったのは明らかである。私が育ったのはこのような時代の空気の中である。私自身これらの原理を教えてきたが，それが不十分であることに気づいたのはここ10年ほどのことに過ぎない。したがって本書は，私自身の思想と成長の中で，イングランドの古典派（正統派と言い換えてもよい）の伝統から抜け出すという反応を示すものである。本書においてこのことを強調し，またいったん受け入れた原理から乖離する点を私が強調するのは，イングランドのところによってはあまりに論争的だといわれてきた。しかし，イングランド経済学の正統派に育まれ，ひとたび信仰篤いカトリックの祭司であった者がプロテスタントに改宗するとき，相応の物議を醸すような論争を避けられようか？

ひるがえって，日本の読者のみなさんは，イングランドの伝統に対する私の攻撃は不要であるし，私の攻撃に対抗することもなかろう。イングランド経済学の書物が日本でひろく読まれているのはよく知っているが，それらの書物に対する日本のみなさんの受け止めがどうであるかはあまり伝わってきていない。東京の国際経済研究会は，東京稀覯経済書翻刻叢書の第1巻としてマルサスの『経済学原理』を翻刻した〔と聞き及んでいる〕。この称賛すべき最近の企ては，リカードではなくマルサス直系の系譜にある書物が共感を持って受け止められるかもしれないと私を勇気づけてくれる。少なくとも一部の人にとってはそうであってほしい」[24]

この序文の日付は1936年12月4日です。当時の日本の経済学者は，ほぼリアルタイムでケインズの経済学を取り入れたことがうかがえます。85年後の今，残念ながら当時の

24）Keynes（2013）の日本語版序文を筆者が訳出した。〔 〕内は筆者による挿入である。当時の状況については早坂編（1993）を参照。

熱意は経済学会のごく一部にしかみられません。居並ぶ謬見の持ち主を説き伏せることに
かけがえのない時を空費するより，はじめに触れる経済学がケインズの経済学である新し
い世代に未来を託すほうがよいのかもしれません[25]。

25）本書の前版である『マクロ経済分析』第2版（2018, p.146）の脚注22）に，「国民不在とポピ
　　ュリズムの奇妙な共存は，点在する社会不安の反映である。点はやがて線に，線はやがて面
　　になる」と書いたが，事態は当時の予想を超えて深刻化している。

参考文献

【和書】

・早坂忠編『ケインズとの出遭い ―ケインズ経済学導入史―』日本経済評論社，1993年。

・下村治『日本経済成長論』中公クラシックス，2009年。

・山内一宏『経済学よ，さらば ～顚沛流浪する学問の行く末～』経済のプリズム，187，2020年。

【訳書】

・Harrod, Roy Forbes著，塩野谷九十九訳『ケインズ伝』上巻，東洋経済新報社，1967年。

・Harrod, Roy Forbes著，塩野谷九十九訳『ケインズ伝』下巻，東洋経済新報社，1967年。

・Keynes, John Maynard著，間宮陽介訳『雇用，利子および貨幣の一般理論』上巻，岩波書店，2008年。

・Keynes, John Maynard著，間宮陽介訳『雇用，利子および貨幣の一般理論』下巻，岩波書店，2009年。

・Moggridge, Donald Edward編，清水啓典・柿原和夫・細谷圭訳『一般理論とその後 第II部 弁護と発展』ケインズ全集第14巻，東洋経済新報社，2016年。

・Moggridge, Donald Edward編，平井俊顕・立脇和夫訳『戦後世界の形成 ―雇用と商品― 1940～1946年の諸活動』ケインズ全集第27巻，東洋経済新報社，1996年。

・Moggridge, Donald Edward編，柿原和夫訳『一般理論とその後 第13巻および第14巻への補遺』ケインズ全集第29巻，東洋経済新報社，2019年。

・Robbins, Lionel著，小峯敦・大槻忠史訳『経済学の本質と意義』近代社会思想コレクション15，京都大学学術出版会，2016年。

【洋書】

・Dow, Sheila, 2015, Animal Spirits and Organization, Journal of Post Keynesian Economics, 2014-2015, 37, 2, 211-231.

・Keynes, John Maynard, 1936, Fluctuations in Net Investment in the United States, Economic Journal, 46, 183, 540-547.

・Keynes, John Maynard, 2013, The General Theory of Employment, Interest and Money, The Collected Writings of John Maynard Keynes, Vol. VII, Cambridge University Press.

・Koppl, Roger, 1991, Retrospectives: Animal Spirits, Journal of Economic Perspectives, 5, 3, 203-210.

・Levin, Jonathan, 2006, General Equilibrium, Lecture Note, Stanford University.

・Moggridge, Donald Edward, ed., 2013, The General Theory and After: Part I Preparation, in The Collected Writings of John Maynard Keynes, Vol. XIII, Cambridge University Press.

・Romer, Paul Michael, 2015, Mathiness in the Theory of Economic Growth, American Economic Review, 105, 5, 89-93.

・Samuelson, Paul Anthony, 1946, Lord Keynes and the General Theory, Econometrica, 14, 3, 187-200.

Further Reading

・川北稔『イギリス 繁栄のあとさき』講談社学術文庫，講談社，2014年。

・Keynes, John Maynard著，松川周二編訳『デフレ不況をいかに克服するか ケインズ1930年代評論集』文藝春秋，2013年。

・Klein, Lawrence Robert, 1944, The Keynesian Revolution, Massachusetts Institute of Technology.

おわりに

ケインズは，2030年を展望した論文の中で，理想の社会を思い描いています[1]。

完全雇用がつづく理想の社会では「人類はまともな問題，永遠の問題に直面することになる。切迫した経済的な必要から自由になった状態をいかに使い，科学と複利の力で今後に獲得できるはずの余暇をいかに使って，賢明に，快適に，裕福に暮らしていくべきなのかという問題である。

金儲けを目的として必死に働く人たちのお陰で，わたしたちはみな経済的に裕福になるかもしれない。だが，経済的な必要から自由になったとき，豊かさを楽しむことができるのは，生活を楽しむ術を維持し洗練させて，完璧に近づけていく人，そして，生活の手段にすぎないものに自分を売り渡さない人だろう」。そのような人は「貪欲は悪徳だという原則，高利は悪だという原則，金銭愛は憎むべきものだという原則」にしたがい，「効用より善を選ぶ」。

「経済的な問題の解決に必要だとされる点のために，もっと重要でもっと恒久的な事項を犠牲にしないようにしようではないか。経済は，たとえば歯学と同じように，専門家に任せておけばいい問題なのだ。経済学者が歯科医と同じように，謙虚で有能な専門家だと思われるようにすることができれば，素晴らしいことである」。

「文明の受託者ではなく，文明の可能性の受託者」[2] として，経済学者に何ができるのでしょうか。

---

1) Keynes, John Maynard著，山岡洋一訳『ケインズ説得論集』日本経済新聞出版社，2010年所収の「孫の世代の経済的可能性」から引用。
2) Harrod, Roy Forbes著，塩野谷九十九訳『ケインズ伝』上巻，東洋経済新報社，1967年，p.223から引用。本書読了後，ケインズ全集を読み進めていただければ幸いである。

索　引

《著者紹介》

佐々木浩二（ささき・こうじ）

所　　属　専修大学経営学部

略　　歴　2004年　School of Economics, Mathematics and Statistics, Birkbeck College, University of London,　Doctor of Philosophy

主要業績　『株式投資の理論と実際』(2017年，創成社)，『マクロ経済分析—ケインズの経済学—』(2016年，創成社)，『ファイナンス—資金の流れから経済を読み解く—』(2016年，創成社)，『マクロ経済入門—ケインズの経済学—』(第2版，2014年，創成社)，Informational Leverage: The Problem of Noise Traders, Annals of Finance, 4, 4, 455-480 (with Norvald Instefjord, 2008年), Proprietary Trading Losses in Banks: Do Banks Sufficiently Invest in Control?, Annals of Finance, 3, 3, 329-350 （with Norvald Instefjord, 2007年）など。

（検印省略）

2016年 9 月20日　初版発行
2018年 4 月 5 日　第 2 版発行
2021年 4 月 5 日　第 3 版発行　　　　　　　　　　　　略称—マクロ分析

マクロ経済分析 ［第3版］
—ケインズの経済学—

著　者　佐々木　浩　二

発行者　塚　田　尚　寛

発行所　東京都文京区
春日 2 - 13 - 1　　株式会社　創　成　社

電　話 03（3868）3867　　ＦＡＸ 03（5802）6802
出版部 03（3868）3857　　ＦＡＸ 03（5802）6801
http://www.books-sosei.com　　振　替 00150-9-191261

定価はカバーに表示してあります。

©2016, 2021 Koji Sasaki　　　　　組版：でーた工房　印刷：エーヴィスシステムズ
ISBN978-4-7944-3222-3 C3033　　製本：エーヴィスシステムズ
Printed in Japan　　　　　　　　　落丁・乱丁本はお取り替えいたします。

———————— 経済学選書 ————————

マクロ経済分析 — ケインズの経済学 —	佐々木　浩二	著	2,200円
ミクロ経済分析 — はじめて学ぶ人へ —	佐々木　浩二	著	2,000円
株式投資の理論と実際	佐々木　浩二	著	2,000円
ファイナンス — 資金の流れから経済を読み解く —	佐々木　浩二	著	2,000円
入門経済学	飯田　幸裕 岩田　幸訓	著	1,700円
マクロ経済学のエッセンス	大野　裕之	著	2,000円
国際公共経済学 — 国際公共財の理論と実際 —	飯田　幸裕 大野　裕之 寺崎　克志	著	2,000円
国際経済学の基礎「100項目」	多和田　眞 近藤　健児	編著	2,500円
経済学を学ぶための数学的手法 — 数学の基礎から応用まで —	中邨　良樹	著	2,000円
ファーストステップ経済数学	近藤　健児	著	1,600円
現代経済分析	石橋　春男	編著	3,000円
マクロ経済学	石橋　春男 関谷　喜三郎	著	2,200円
ミクロ経済学	関谷　喜三郎	著	2,500円
グローバル化時代の社会保障 — 福祉領域における国際貢献 —	岡　伸一	著	2,200円
財政学	小林　威光 望月　正博 篠原　正隆 栗林　正彦 半谷　俊彦	監修 編著	3,200円
「日中韓」産業競争力構造の実証分析 —自動車・電機産業における現状と連携の可能性—	上山　邦雄 郝　燕書 呉　在烜	編著	2,400円
日本の財政	大川　政三 大森川　誠司 大江田　雅浩史 池田　浩治 久保田　昭	著	2,800円

（本体価格）

———————— 創　成　社 ————————